KB050459

4차 산업혁명의 길목에서

외식창업을 디자인하라

박형국

Food & Beverage Service

Start Up을 넘어 Scale Up

박영사

통계청 자료 9차 개정안에 따르면 우리나라 서비스산업에서 숙박 및 음식점업 사업체 수는 전국 703,364개이며 서울에만 126,557개의 사업체 수가 있는 것으로 조사됐다. 이 사업체들 중 외식업체 수는 전국 651,000개로 인구 83.6명당 1개와 비교 시 3년간 연평균 7.2%가 증가하였다. 업종별로는 한식과 관련한 음식점이 301,939개로 가장 많았고, 카페 및 커피숍 55,693개, 분식집 46,221개, 치킨집 31,529개로 그 뒤를 이었다. 많아도 너무 많고 그만큼 경쟁도 치열하다.

외식사업은 예전부터 뭐니 뭐니 해도 목이라는 이야기가 있다. 요즘은 SNS의 영향으로 도심에서 벗어난 교외나 상권이 형성되지 않은 곳에서도 성공적인 외식사업을 영위하는 경우도 있지만, 다른 사업과 비교하여 외식사업에서 상권이 차지하는 비중은 상당히 중요하다. 매장의 위치에 따라 매출이 달라지는 것은 물론 사업을 유지할 수 있는 기간도 차이가 날 수밖에 없다. 하지만 상권이 좋은 곳에 매장을 열려면 보증금과 권리금뿐만이 아니라 임대료가 비싸 웬만한 자금력을 가지고는 창업하기 힘들다는 단점이 있다. 초기 창업비용과 임대료를 감당하고 창업을 한다 할지라도 장사가 잘되리라는 보장이 없으며 모든 문제가 해결되는 건 아니다. 주변의 경쟁 상황을 고려해야 한다. 매장 근처에 또 다른 동종 외식업체가 들어서면 매출에 타격을 받을 수밖에 없다. 그렇다고 경쟁업체의 오픈을 막을 수 없는 것이 현실이고 경쟁에서 견딘다 할지라도 또 다른 문제도 있다. 업종에 따라 다르지만 AI나 구제역과 같은 전염병, 사건사고 등의 사회적 이슈가 발생하면 단기적이나 장기적으로 매출에 큰 타격을 입는다. 여기에 경쟁업체에 밀리지 않기 위한 신메뉴 개발, 운영 인력 관리 등을 고려하면 어려움은 더 높아진다.

외식사업은 언뜻 보면 쉽게 접근할 수 있고 쉬운 것처럼 보이지만, 운영하고 유지해나가기가 결코 만만한 사업이 아니다. 진입장벽이 높지 않다 보니 쉽게 시작하여 오히려 그 높지 않은 진입장벽으로 인하여 쉽게 무너지는 경우가 다반사다. 외식사업의 진입장벽은 그 사업주체만의 소프트웨어격인 메뉴에 있어 맛과 정성, 노하우가 단연 첫 번째일 것이다. 그리고 도심외곽지역과 같은 경우에 음식점이나 카페 등이 가질 수 있는 또 하나의 진입장벽은 호수나 강과 같은 인위적으로 흉내내기 어려운 그 사업체가 위치한 주변의 자연경관일 것이다.

외식산업이 발달하면서 치열한 경쟁 속에 맛의 평준화가 되었고 사람들은 맛과 더불어 색다른 인테리어나 분위기, 콘텐츠와 같은 그 집만의 또 다른 '무엇'을 찾고 원하게 되었다. 가장 보수적이고 쉽게 바뀌지 않는 것이 식문화이지만 4차 산업혁명의 길목에서 외식산업 분야도 시대의 흐름을 피해갈 수는 없으리라 생각한다. 맛과 취향은 변하지 않거나 천천히 조금씩 변한다 할지라도, 어떻게 만들고 서비스 할 것인가? 인력관리와 수익창출을 위해 적합한 시스템은 무엇인가? 하는 비즈니스 접근방식은 점점 빠르게 변화하여 왔고 앞으로 더욱 빠르게 진화하며 변화할 것이다.

이제는 외식사업도 지금까지 해오던 '장사나 해볼까?' 하는 단순한 생각과 막연한 사업계획을 통한 창업에서 벗어나 혁신과 차별화, 융합을 통한 경쟁력을 가지고 롱런할 수 있는 지속가능한 사업이 될 수 있도록 해야 한다.

　외식산업 분야에서도 비즈니스 모델에 대한 디자인, 전략적 평가, 사업성 검증에 대한 체계적인 과정과 깊은 고민이 필요하다. 동종 산업에서 아이디어를 찾는 것을 넘어서 이(異)업종의 비즈니스 모델에도 관심을 기울일 필요가 있다. 이(異)업종의 시스템이나 아이디어를 외식산업으로 끌어들이고 융합하여 시너지를 낼 수 있는 새로운 비즈니스 모델을 만들 수 있는 관점으로 접근해야 할 것이다.

　이 책은 비즈니스 모델을 아직 접하지 못한 외식산업 분야 종사자들을 위해 비즈니스 모델의 개념과 유형에 대한 아주 기본 요소만을 포함하였다. 외식창업을 준비하는 예비 창업자, 이미 사업을 영위하는 사업주, 외식 프랜차이즈 관계자 모두에게 외식산업 분야에 있어 해외의 성공적인 사례와 실패사례들을 통하여 아이디에이션(Ideation) 할 수 있는 계기가 되었으면 한다. 또한 해외의 사례들을 통하여 우리나라 외식산업 환경과 소비자들의 문화에 맞는 새롭고 혁신적이며 지속가능한 외식산업 비즈니스 모델을 만들고 끊임없이 진화해나가길 기원한다.

저자 박형국

차 례
Contents

🍔 해외사례에서 배우는 외식창업 아이디에이션 · 1

⚙ 산업의 종류와 업종을 불문하고 필요한 비즈니스 모델 혁신 · 135

해외사례에서 배우는
외식창업 아이디에이션

3D프린터로 만드는
저녁만찬

출처: foodink.io

ICT의 융합으로 인공지능, 로봇기술, 생명과학이 주도하는 4차 산업혁명의 시대가 도래했다. 3D프린팅 기술 역시 하루가 다르게 진화하고 있다. 이 3D프린팅 기술을 외식산업에 적용하면 어떨까? 이런 상상을 현실로 만든 회사가 있다. 바로 네덜란드 회사인 바이플로우 ByFlow사이다. 암스테르담에 기반을 둔 이 회사는 본래 휴대용 3D프린터를 제조하고 판매하는 데 집중했었다. 그랬던 바이플로우사가 3D프린터로 음식을 만들게 된 계기는 이 회사의 최고 기술 책임자 CTOChief Technology Officer인 플로리스 호프가 네덜란드의 유럽 최대 식품연구소인 TNO에서 산업제품디자인을 공부하면서 3D프린트된 초콜릿의 구조에 대한 실험에 많은 시간을 쏟은 뒤 결정되었다. '푸드 잉크'라는 3D프린팅 팝업 레스토랑의 탄생배경에는 마르시오 바라다스Marcio Barradas와 안토니 도브 젠 스크Antony

Dobrzensk, 이 두 명의 공동 창립가가 있다. 네덜란드의 3D프린팅 스타트업인 바이플로우사가 한 테크놀로지 콘퍼런스에 참가했을 때, 이곳에서 두 사람이 만난 뒤 팝업 레스토랑을 준비하기 위해 함께 팀을 꾸렸다. 2016년 4월 네덜란드 벤로Venlo에서 열린 3D푸드 콘퍼런스에서 5가지 코스의 3D 프린터로 출력한 음식을 처음 선보였고 7월에도 런던에 위치한 창의적 하이테크의 중심지인 쇼어디치의 드레이워크 8번지에서 성공리에 행사를 마쳤다. 런던에서 열린 푸드 잉크 팝업 레스토랑 행사에서는 3일 동안 세 번의 특별한 식사를 제공하며, 낮에는 작동 중인 3D프린터와 3D펜을 직접 보고, 3D로 프린트된 간식들도 시식할 수 있는 기술 전시장과 같은 형태로 대중들에게 개방되었다.

출처: foodink.io

저녁에는 부티크 레스토랑으로 바뀌어 한 사람당 250파운드약 36만 원이상을 지불한 10명의 고객들에게 직접 음식이 프린트되는 과정을 지켜 볼 수 있게 하고 9가지 음식으로 구성된 코스메뉴를 제공했다. 3D프린터를 이용한 푸드 잉크 팝업 레스토랑에서는 모든 음식을 3D로 프린트하여 만든다. 음식뿐만 아니라 레스토랑의 가구들과 비품들, 고객들이 사용하는 칼, 포크부터 그들과 고객이 앉는 의자에 이르기까지 모두 3D로 프린팅한다. 푸드 잉크는 모든 것을 독자적으로 해결하려 하지 않는다. 시대의 흐름에 맞게 융합비즈니스 모델의 모범적인 시스템과 진정한 협업을 보여준다. 바르셀로나 기반의 BCN3D 테크놀로지BCN3D Technologies사에서는 수용성 재료로 만들어진 지지대를 사용해 깔끔한 선과 매끈한 면을 가진 칼과 포크를 프린팅했다.

출처: foodink.io

3D프린팅 기술에 대해 많은 지식이 있고 그 기술에 관해서는 혁신적일 수 있지만, 음식에 대해서는 거의 아무것도 아는 것이 없었던 상황에서 스페인 벨비스의 미슐랭 스타 레스토랑인 라보스카나의 스패니쉬 셰프인 '마테오 블랑크'의 전문적 기술로 도움을 받고 있다. 블랑크를 비롯하여 그와 라 보스카나를 함께 운영하는 다른 미슐랭 스타 레스토랑 엘불리의 전문가인 '조엘 카스타니예'를 포함한 셰프들, 예술가 그리고 기술자로 이루

어진 국제적 팀의 도움을 받아 라이브로 요리들을 3D프린팅한다. 그러면 과연 어떠한 음식들이 나오게 될까? 푸드 잉크의 주요한 매력은 음식이 아니라 그 음식이 만들어지는 방식이다. 현재 모든 메뉴가 분명하게 공개된 것은 아니지만, 포커스 3D프린터는 허머스, 초콜릿 무스, 삶아서 으깬 콩, 도우와 여러 종류의 치즈들같이 페이스트의 텍스처를 지닌 재료들을 사용할 때 최고의 결과를 낼 수 있다고 한다. 이 재료들은 음식재료를 넣을 수 있는 카트리지로 들어가 레이어Layer된 구조로 밀려 나온다. 이후 여러 종류의 요리 기술들, 예를 들면 베이킹 같은 기술들이 적용된다.

출처: foodink.io

마치 제빵사가 짤주머니를 이용하여 케이크 위에 아이싱을 두르는 것과 같은 이치라고 생각하면 된다. 퓨레와 같은 질감의 재료들은 점점 밀려 나가서 디지털 파일로부터 만들어진 3D틀 안에 세로로 쌓이게 된다.아무래도 3D프린터의 프린팅 방식 중의 하나인 적층방식 형태는 페이스트 형태가 최고의 결과를 낼 수 있을 것이다. 그 중에서 에어 캐비어, 피쉬 앤 칩스, 시저의 인생 꽃, 신비로운 새우, 스테이크 타르타르, 러브 바이츠 그리고 3D 보스카나와 같은 요리들이 대표적이다.

그리고 이러한 3D프린팅 음식이 만들어지는 새로운 경험의 마무리는 바로 레스토랑 그 자체이다. 레스토랑 내의 테이블, 의자, 조명들 모두 3D 프린팅으로 만들어졌다. 이는 모두 자하 하디드의 제자이자 건축가인 '아더

마모우 마니'가 오픈 소스인 그래스 하퍼Grasshopper의 플러그 인 실크웜 Silkworm을 이용하여 디자인했다. 우연히 이러한 3D프린팅 기구들은 버닝 맨이라는 건축 프로젝트의 후원자들에 대한 킥스타터의 보상으로도 쓰여졌다. 식사에 사용되는 식기들은 폴란드 예술가인 '아이워나 리지에카'에 의해 디자인되었으며 영화제작자들로 구성된 팀은 저녁 식사 동안 비주얼 쇼와 음악을 제공한다. 푸드 잉크는 하나의 단순한 팝업 레스토랑이기보다 음식과 예술, 테크놀로지의 복합쇼이며 협업과 융합비즈니스 모델 형태를 잘 보여주는 좋은 사례다. 푸드 잉크와 같은 팝업 레스토랑을 통하여 생각해 볼 수 있는 것은 외식산업에 종사하는 사람들뿐만이 아니라 모든 산업 분야에 종사하는 사람들은 이異업종에 대한 꾸준한 관심과 공부가 필요하다는 것이다. 때로는 동종 업종에서보다 이異업종에서의 벤치마킹을 통하여 사업에 접목할 수 있는 시스템과 혁신적인 아이디어를 얻기 때문이다. 산업 간 융합을 통하여 성공한 대표적인 비즈니스 모델은 서커스에 오페라의 예술적인 부분과 엔터테인먼트를 융합한 '태양의 서커스'이다. 그리고 이異업종 벤치마킹 분야의 최고수라 해도 손색이 없는 인도의 사회적 기업인 아라빈드Aravind 안과병원도 꼽을 수 있다. 우리 주변에는 많은 종류의 기술과 다양한 업종이 존재하고 그것들의 변화 속도가 점점 가속화 되고 있다. 때로는 이런 변화와 속도들이 매우 흥분되는 일이고 많은 것들을 가능하도록 해주지만, 한편으로 대다수의 사람들은 너무 빠른 변화와 속도 때문에 혼란스러워하며 쫓아가기 버거운 강박관념에 스트레스를 받으며 시대 흐름에 뒤처지지 않을까 두려워한다.

　　외식산업에서도 마찬가지로 몇 년 전만 해도 새로운 아이템이 나오면 그 트렌드가 5년은 유지되었지만 지금은 2년이나 3년으로 주기가 짧아졌다. 그리고 이 트렌드 주기는 앞으로 계속해서 더 짧아질 것이다. 긍정적이고 미래지향적인 사고를 가지고 많은 사람들이 낙관적인 환경을 만들어내길 희망한다. 영화에서만 그려졌던 미래가 생각보다 빨리 다가오고 있다.

2017년 푸드 잉크 투어 계획

출처: foodink.io

푸드 잉크는 라스베이거스, 뉴욕, 샌프란시스코, 멕시코시티, 상파울루, 부에노스 아이레스, 두바이, 로마, 파리, 암스테르담, 모스크바, 타이베이, 서울, 홍콩, 상하이, 싱가폴, 도쿄, 케이프 타운, 시드니 등에서의 투어 계획을 가지고 있다고 한다.

햄버거도 먹고
돈도 버는 소셜 레스토랑

2010년 뉴욕 맨해튼의 286 Madison Avenue 40th Street에 신선하고 맛있으며 영양가 높은 재료로 만든 패스트푸드를 고객에게 제공하겠다는 드정킹De-Junking 패스트푸드를 목표로 내세운 포푸드4Food라는 패스트푸드 햄버거 가게가 오픈했다. 포푸드는 양방향 주문 시스템으로 고객은 자신만의 메뉴를 등록할 수 있으며 심지어 다른 사람이 자신이 만든 레시피의 햄버거를 주문하면 로열티를 받을 수 있는 소셜네트워크SNS방식을 접목했다. 우리가 일반적으로 생각하는 패스트푸드와는 다르

8

출처: 4food.com

게 음식에 인공 조미료를 사용하지 않는 신선하면서 영양가도 높은 웰빙 햄버거 콘셉트를 추구한다. 그리고, 사업이 추구하는 콘셉트에 맞게 매장 인테리어도 재생이나 재활용이 가능한 천연 건축자재를 사용하고 친환경적인 요소들도 도입하였다. 매장 내에서는 탄소 배출량이나 전기사용을 줄일 수 있는 방안으로 햇빛을 최대한 활용 가능하도록 한 인테리어로 실내의 온도 조절에 도움을 주었다. 음식물 쓰레기 배출량을 줄이기 위해 물 속 미생물에 의해 분해되는 재료로 음식을 만드는 친환경 시스템을 도입하는 노력도 기울였다. 건강과 환경까지 생각한 햄버거 매장 포푸드는 더 나아가 고객 개개인이 좋아하는 재료를 직접 선택하여 자신만의 햄버거를 디자인할 수 있게 하였다.

모든 햄버거 메뉴의 패티 가운데에 구멍을 내어 도너츠 모양과 같이 만들었다. 대부분의 일반적인 햄버거 패티가 전체적으로 납작하게 쇠고기 패티로 되어 있지만 포푸드의 햄버거 패티는 소고기, 양고기, 칠면조 고기 등 각종 고기 패티와 채식주의자를 배려한 야채 패티, 그리고 연어, 계란

출처: 4food.com

패티까지 다양하게 구비하고 있다. 햄버거 디자인도 독특하지만 포푸드가 내세우는 가장 큰 차별점은 고객 개인이 디자인한 햄버거를 본인 혼자만 즐기는 것이 아니라, 소셜화 시켜서 주변 친구나 지인, 동료들에게 널리 알릴 수 있도록 했다는 점이다. 친구나 가족, 주변 지인들 사이에서의 구전 효과가 실제 구매로 이어질 가능성이 훨씬 높기 때문이다. 여기에 그치지 않고 본인이 디자인한 햄버거를 다른 사람들이 사먹을 때마다, 포푸드에서는 해당 고객의 회원계정으로 25센트씩의 적립금credit을 지급해 주며 햄버거 판매수익을 공유한다. 이처럼 자신이 만든 햄버거의 판매 이익공유의 로열티 시스템을 통해 고객이 햄버거 판매에 적극적으로 개입하여 참여할 수 있도록 고객들에게 동기를 부여하는 시스템을 만들었다. 포푸드는 웹사이트에 햄버거 판매와 관련된 빌보드 차트Build Board Chart라는 영업방식을 이용한다. 손님들이 만든 햄버거 중에서 가장 잘 팔리는 상위 리스트 10개의 햄버거를 보여준다. 햄버거의 빌보드 차트는 매장 내의 화면에서도 실시간으로 업데이트되고 기존 메뉴판 대신에 보여지기도 하며 고객의 흥미를 유

10

발시킨다. 그리고 오프라인 매장과 웹사이트를 통해서 상위 리스트 10개의 햄버거를 보여주는 것 외에도 페이스북Facebook이나 트위터Twitter 등 소셜네트워킹서비스SNS를 통해서 각 개개인이 디자인한 햄버거를 친구들에게 보여주고 공유할 수 있도록 했다. 내가 디자인한 버거를 소셜네트워킹서비스 SNS상의 친구들에게 홍보하고 그들에게도 내가 디자인한 햄버거를 사먹어 보도록 권유할 수 있도록 한 것이다. 이러한 아이디어와 시스템을 통해 햄버거의 소비를 단순히 개인적인 소비차원으로 끝내는 것이 아니라 소셜 차원으로 확대하고 확장시킴으로써 햄버거 소비를 하나의 SNS 게임처럼 만들어 냈다는 점이 포푸드의 가장 독특한 점이라 할 수 있다.

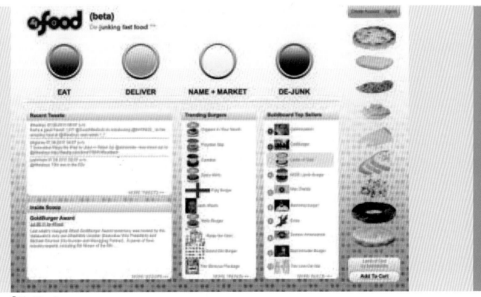

출처: 4food.com

　　이런 특징을 가진 포푸드 햄버거는 세 가지의 주문방법이 있다.
　　첫 번째는 웹사이트에서 원하는 재료를 선택한 뒤 매장에서 주문한 햄버거를 받는 방법과, 두 번째는 직접 레스토랑에 방문하여 직원에게 주문하는 방법. 마지막으로 세 번째는 레스토랑 안의 테이블에 설치된 여러 대의 아이패드iPad를 통해 주문하는 방법이다. 이런 세 가지 주문방식을 통하여 고객은 햄버거를 주문할 때 자신이 원하는 패티를 고른 다음, 패티 가운데의 구멍을 또 다른 재료로 채울 수 있도록 하였다. 아보카도나 치즈, 감자, 시금치, 초밥까지 다양하게 넣어서 만들 수 있도록 하였으며 햄버거의 기본이 되는 양배추, 토마토, 양파 등을 고르고 햄버거를 고객이 스스로 디자인하여 다양한 햄버거가 나올 수 있도록 하였다. 이런 방식의 메뉴 주문시스템이라면 햄버거 가짓수가 상상을 초월할 만큼 많이 나올 것이다.

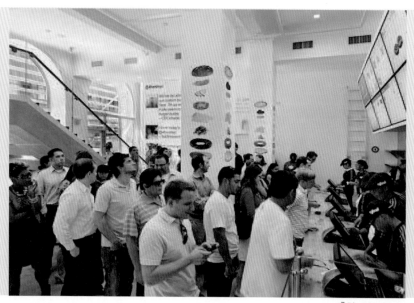

출처: 4food.com

또 하나 독특한 점은 매장이 커뮤니티 허브로 기능할 수 있도록 설계되었다는 점이다. 스탠딩 파티를 즐길 수 있는 홀처럼 생긴 넓은 공간이 있으며 계단식 좌석에서도 자유롭게 음식을 즐길 수 있도록 꾸며졌다. 매장 가운데에서는 커다란 액정을 통해 포푸드의 트위터와 위치 기반 소셜

출처: aaronallen.com

네트워크 서비스의 일종인 포스퀘어Foursquare 화면을 보여주고 있는데, 주문한 음식을 기다리는 동안 온라인계정을 멘션mention하면 본인의 메시지가 화면에 뜨는 것을 보면서 실시간으로 참여할 수 있어 소셜 네트워킹을 온라인에서 뿐만 아니라 오프라인으로 이끌어 내어 온－오프라인 커뮤니티 전략을 매장 설계에도 반영하고 있다. 이미 기존의 많은 기업이 소셜 네트워킹 서비스의 중요성을 깨닫고 다양한 방식으로 비즈니스에 접목하고 있다. 특히 기업과 소비자 개개인 사이의 일대일 대화가 아니라 소비자끼리 연결시켜주는 일종의 허브로서의 기업 SNS의 중요성이 점차 커지고 있다는 점에서 볼 때 소셜 쇼핑을 오프라인으로 끌어내어 햄버거를 게임처럼 판매하는 포푸드의 비즈니스 모델은 흥미로운 편이다.

그러나 포푸드는 4년간의 영업을 끝으로 문을 닫았다. 폐업을 하게 된 내부적인 사정을 알 수는 없지만 혁신적으로 보였던 햄버거 가게의 비즈니스 모델에서 굳이 아쉬운 부분을 몇 가지 찾는다면, 온라인과 아이패드를 이용한 이런 주문방식은 식당 내에 키오스크kiosk대신 아이패드를 도입했을

출처: 4food.com

뿐, 다른 식당에서도 온라인/모바일 주문을 도입하고 있다는 점에서 크게 다를 바가 없고, 웹사이트에서 주문하고 매장에서 받는 방식은 오픈 초기 바로 지원을 하지 않았다는 점이다.

또한, 앞서 얘기한 친환경 매장시스템과 메뉴, 슬로우 푸드slow food 개 념도 트렌드를 선도하는 뉴욕에서 다른 많은 레스토랑과 별다른 차별성이 없어 보인다.

그리고 가장 큰 부분은 맨해튼의 한 개 매장이 전부였던 것을 꼽을 수 있다. 소셜 레스토랑 비즈니스 모델의 성공 여부는 매장의 수와 지역분포 도, 매장마다 방문하는 고객 수가 상호 관련되어 있기 때문이다. 고객과의 이익공유 부분도 매장이 많은 프랜차이즈에서 고객에게 와 닿는 부분이 더 크게 느껴졌을 것이고 사람들 간의 구전홍보 효과가 전국적인 매장을 통하 여 실제 구매로 이어질 가능성이 더 크기 때문이다. 또한 소셜 네트워크서 비스SNS 내에서의 이슈도 그만큼 커질 것이다. 포푸드 경영진은 매장의 추가 개설을 계획하고 있었지만, 매장을 확장하지는 못했다.

영업을 해나가며 매장을 확장하고 고객의 니즈를 반영하여 더 나은 방향으로 보완하고 만들어 갈 수도 있었겠지만 세계 트렌드의 각축장인 뉴욕에서 포푸드의 비즈니스 모델이 원활하게 작동하지 못했을 수도 있다. 이러한 소셜 레스토랑 전략은 포푸드와 같은 신생 사업체보다는 이미 전국적

✗ 프로슈머(prosumer)란?

'생산자'를 뜻하는 'producer'와 '소비자'를 뜻하는 'consumer'의 합성어로 생산에 참여하는 소비자를 의미한다. 프로슈머(prosumer)는 1980년에 미래학자로 불린 앨빈 토플러가 그의 저서인 《제3의 물결》에서 21세기에는 생산자와 소비자의 경계가 허물어질 것이라고 예견하면서 처음 사용하였다.

✗ 크라우드소싱(crowd-sourcing)이란?

군중(crowd)과 아웃소싱(outsourcing)의 합성어로 전문가 대신 비전문가인 고객과 군중에게 문제의 해결책을 아웃소싱한다는 것을 뜻한다. 이것은 일반 대중이 기업 내부 인력을 대체하는 현상을 말한다.
저널리스트, 제프 하우(Jeff Howe)가 2006년 와이어드(Wired)지 기사에서 처음 언급하였다.
크라우드소싱(crowd-sourcing)은 웹 2.0 시대의 새로운 경영기법으로 각광받고 있다.

✗ 롱테일법칙(Long Tail Theory)이란?

기존 마케팅 법칙인 '결과물의 80%는 조직의 20%에 의하여 생산된다'라는 파레토 법칙에 배치하는 것으로, 80%의 '사소한 다수'가 20%의 '핵심 소수'보다 뛰어난 가치를 창출한다는 이론이다.
2004년 미국의 기술지 와이어드(Wired)의 편집장 크리스 앤더슨(Chris Anderson)이 처음 창안한 용어이다.

으로 많은 매장을 두고 있는 프랜차이즈 업체에서 도입을 한다면 보다 효과적일 것이라 생각된다. 하지만 햄버거라는 보편적이고 대중적인 메뉴로 협동과 경쟁, 이익 공유와 웰빙을 비롯하여 외식산업에서 혁신적인 소셜네트워크를 이용하여 고객들의 소비를 게임과 같은 방식으로 접목시켰다는 점에서 가치가 있다. 또한 포푸드의 비즈니스 모델은 프로슈머prosumer, 크라우드소싱crowd-sourcing과 롱테일법칙Long Tail theory을 적용한 비즈니스 모델의 한 유형으로 고객 참여형 비즈니스 모델로 주목할 만한 사례이다.

버려지는 과일과 채소로 '대박' 친 슈퍼마켓 체인

출처: CBC.ca

16

매년 세계에서는 못생겨서 상품가치가 없다는 이유로 수억 톤의 과일과 채소가 버려진다. 유럽의 유엔 환경 계획UNEP의 추산에 따르면, 농민들이 소매업자의 제품모양 기준을 충족시키지 못하여 신선하지만 버려지는 과일과 채소들이 농산물의 20~40%라는 보고를 내놓았고, 이를 계기로 2014년 유럽연합EU은 '음식물 쓰레기 반대의 해'로 지정하면서 음식물 쓰레기에 대해 엄격한 조치를 취했다. 버려지지만 식용 가능한 음식의 양에 대한 데이터 문서화는 완벽하게 잘되어 있지만 이 음식 문제에 기여하고 방지하는 방법에 대한 대책이나 그에 대한 옵션은 그리 많지 않은 것이 현실이다. 프랑스에서 세 번째로 큰 슈퍼마켓 체인인 인터마르쉐Intermarché와 파리의 광고대행사인 마르셀 월드 와이드Marcel Worldwide는 이렇게 신선하지만 못생겼다는 이유만으로 버려지는 음식물 쓰레기 문제를 다루기 위해 캠페인을 만들었다. 고객들에게 버려지는 과일과 야채들로 인한 음식물 쓰레기의 심각성에 대해 알려주는 것을 목표로, 신선하지만 못생겨서 버려지는 과일과 채소를 새로운 상품으로 만들었다. 카탈로그 등의 인쇄물과 광고판, TV, 라디오 PR 및 소셜 미디어 플랫폼을 이용하여 대규모 글로벌 캠페인을 시작했다. 사람들에게 모양과 상관없이 못생긴 과일과 채소도 맛있고 훌륭하다는 것을 알리기 위해 프랑스어로 못생긴 과일과 채소,

출처: youtube.com

17

리푸이와 리귐 마쉬Les Fruits & Légumes Moches라는 새로운 수프와 주스 라인을 만들어 다른 식료품점보다 30% 저렴하게 판매하였다. 그리고 미용에 좋은 음식으로 당근 수프, 오렌지 주스, 으깬 감자 및 채소 퓌레를 개발하였다.

인터마르쉐는 광고대행사 마셀Marcel과 협력하면서, 새롭고 특별한 브랜드를 만들었다. 못생긴 과일들도 신선하고 맛있다는 것을 알리기 위해 고객에게 무료 샘플을 제공하였다.

오렌지 주스는 만들어지는 시간 자체를 브랜드화 했다. 주스가 만들어지는 정확한 시간시, 분을 흰색 레이블에 검정색 텍스트로 표시하여 그 자체를 브랜드화 시켜 오렌지 주스의 신선함을 강조하였다. 치열한 오렌지 주스 경쟁시장에서 주스 이름 자체로 '가장 신선한 오렌지 주스 브랜드'라는 것을 보여주었다. 그리고 다른 착즙 오렌지 주스 브랜드보다 평균 50% 저렴하게 판매했다. 못생긴 과일로 만든 주스 브랜드는 매장에서 즉각적인 성공을 거두었고 판매를 시작한 지 3일 만에 오렌지 공급이 중단될 만큼 성공을 거두었다. 오렌지 주스 판매량은 매장당 4600%가 증가했다. 미디어는 인터마르쉐의 이런 아이디어의 신선함에 관심을 가졌으며 출시 첫날

출처: allyqamari.com

18

5천만 건의 미디어 노출이 발생했고 이 주스와 관련한 헤시태그는 웹에 빠르게 확산되었다.

인터마르쉐 캠페인의 반응은 뜨거웠고 소비자와 생산자, 인터마르쉐의 윈-윈-윈win-win-win 캠페인으로 완벽한 성공을 거두었다. 소비자는 동일한 품질의 제품을 저렴하게 구입할 수 있었으며, 생산자는 일반적으로 버려지는 제품을 돈을 받고 판매하여 수익을 올릴 수 있었고, 인터마르쉐는 새로운 제품 라인을 구축하여 영업적 성공과 더불어 사회문제해결에 기여하고자 하는 사회공헌을 통하여 고객들에게 좋은 기업 이미지를 얻었다.

✗ 캠페인의 성공적인 데이터

- 2100만: 한 달 동안 캠페인을 인지한 사람들
- 300%: 첫 주 동안 소셜네트워크서비스SNS에서 인터마르쉐에 대한 언급 증가
- 1일: LSANo. 1 프랑스 소매업전문잡지의 역사상 가장 많이 공유된 기사
- 1.2톤: 캠페인 처음 2일 동안 상점당 평균 판매량
- +24%: 전체 매장 트래픽전체 매장교통량
- 5: 5개의 주요 경쟁사가 유사한 캠페인 시작

인터마르쉐의 캠페인은 TBLTriple Bottom Line 비즈니스 모델의 환경중심형 유형으로 사회공헌가치를 통한 고객가치창출을 통하여 성공적인 판매촉진을 이루었다.

우리나라의 대형유통기업이나 슈퍼마켓도 인터마르쉐의 캠페인을 벤치마킹한 유사한 캠페인을 이용하여 고객가치창출과 환경보호를 통한 사회공헌가치를 이룰 수 있을까?

코리안 바비큐 푸드트럭
고기(Kogi)

코기 코리안 바비큐Kogi Korean BBQ는 마크 망게라Mark Manguera와 캐롤라인 신Caroline Shin, 마크 망게라Mark Manguera의 친구인 로이 최Roy Choi가 공동 창업해 2008년 LA에서 시작한 푸드트럭이다. 미국 도시에서의 푸드트럭은 전혀 새로운 것이 아니다. 수십 년 동안 푸드트럭들은 남부 캘리포니아 전역의 도로변과 건설 현장에서 값싼 음식을 제공했다. 푸드트럭을 운영하는 이들은 종종 "바퀴벌레마차"를 끌고 다닌다고 비난받았다. 그래서 마크 망게라Mark Manguera가 한국 음식과 멕시코 음식을 결합한 음식을 파는 한국 타코 트럭을 하자고 제안했을 때 로이 최Roy Choi는 "미친 생각"이라고 자신이 쓴 'LA Son' 회고록에서 말했다. 코기Kogi가 성공을 거두게 된 요인은 남들보다 일찍 소셜 미디어인 트위터를 활용하여 고객의 호기심을 자극한 것이었다. 소셜 미디어인 트위터를 활용한다는 것은 당시에는 천재적이고 독창적인 아이디어였다. 처음에 코기 푸드트럭이 장사가 될 것이라는 확신을 갖기까지는 어느 정도 시간이 걸렸다. 여러 지역을 다니면서 몇 주간은 다른 지역에 주차하고 장사를 했지만 고객을 확보하지 못했다. 이후 LA의 선셋대로Sunset Boulevard의 나이트 클럽으로 가서 나이트 클럽 경비원에게 음식 샘플을 무료로 제공했다. 그들은 코기 푸드트럭의 음식을 먹고 고객들에게 입소문을 퍼트려 주기도 했다. 그리고 늦은 밤까지 판매했지만 그렇게 운이 따라주지는 않았다.

출처: foodtruckcatering.com

그런 다음 코기팀은 새롭게 떠오른 소셜 미디어 트위터를 활용했다. 트위터가 서비스한 지 불과 2년밖에 안되었을 때 트위터 코기Twitter Kogi를 사용하여 트위터 상에서 상당한 입소문을 냈다. 푸드트럭이 이동하는 장소를 고객에게 지속적으로 업데이트하여 알렸으며 인터넷과 휴대 전화를 효과적으로 사용하여 홍보시스템을 구축하였다. 이런 호기심을 불러일으키는 소셜네트워크 서비스를 활용한 운영방식이 젊고 폐쇄적이었던 도시인들을 푸드트럭으로 나오게 했다. 사람들은 트위터를 통해 Kogi 푸드트럭의 위치를 추적하고 확인했다. 몇 개월 만에 Kogi는 수백 명의 고객을 끌어 모았고 매일 400파운드의 고기를 여러 곳에서 판매했다. 뉴스위크Newsweek는 이런 코기 푸드트럭을 "미국 최초의 바이러스 식당"이라고 불렀다.

Kogi BBQ는 현재2017년 10월 23일 기준 약 151,621명의 팔로워를 보유하고 있으며 4대의 로밍 트럭과 항공사 승객에게 서비스를 제공하기 위해 2014년 12월 LA국제공항 보안구역 내에 고정된 1대의 트럭을 개설하였다.

처음에는 미쳤다고 생각했던 Kogi 푸드트럭은 SNS를 통해 고객과의 관계를 구축해나가며 연간 매출 1,000만 달러의 매출을 올리고 있다.

우리나라는 청년창업활성화와 일자리 창출의 일환 중 하나로 2014년 8월 푸드트럭을 합법화 하였다. 합법화한 지 3년, 언론보도에 따르면 2015년 말부터 2017년 3월말까지 서울시내 각 자치구에 등록신청을 한 푸드 및 커피트럭은 468대였으나 그 중 168대가 폐업했을 정도로 현재 푸드트럭 및 커피트럭 운영자 중 상당수가 어려움을 겪고 있으며 현실은 여전히 어둡다. 푸드트럭을 합법화 하였다고 하지만 해당 지역기관에서 정해주는 장소 밖으로는 이동하지 못하고 영업을 해야 하는 법률적 규제와 푸드트럭이 영업하는 지역의 주변 상인들의 반발, 계절과 날씨의 영향 등 여러 가지 문제가 원인으로 지적되고 있다. 좋은 비즈니스 아이템을 가지고 있어도 그 나라의 법률적, 사회문화적 측면과 때로는 기후나 환경까지 고려하지 않으면 사업이 실패로 돌아가는 경우가 있다. 비단 푸드트럭만의 얘기가 아닐 것이다.

매장 없이 커피를 팔 수 있는 바리스타

미국 온라인 매체 쿼츠가 2014년 기준 국가별, 도시별 스타벅스 매장 수를 조사한 결과에 따르면 국가별 매장 수는 미국이 단연 1위지만 도시별 매장 수는 서울이 1위인 것으로 조사되었다. 뉴욕이 2위, 상하이가 3위다. 도시면적도 10배나 작고 도시인구 수에서도 한참이나 밀리는 중국 상하이보다도 많다. 2017년 초 한국의 전국 스타벅스 매장 수는 1,000개를 넘어섰다.서울 면적: 605.21㎢,(2016년 4월 26일 통계청 자료) 서울 인구: 약 1,000만 명, 상하이 면적: 6,340㎢,(2016년 8월 8일 서울경제 자료) 상하이 인구: 약 2,400만 명

우리나라 커피전문점 수는 이미 전국 5만 개를 넘어섰다. 그럼에도 불구하고 예비창업자들은 꾸준히 소액 카페 사업아이템을 하기 위해 치열한 창업시장에 뛰어들고 있다. 이미 포화된 카페 시장은 더 이상 이렇다 할 색다른 경쟁력을 찾아볼 수 없으며 소비자들은 각각의 브랜드로 취향에 맞게 분산됐고 일정한 파이를 계속해서 작은 n분의 1로 쪼개 먹고 있는 형국形局

출처: sprudge.com

이다. 이제는 혁신적인 비즈니스 모델 없이 커피와 카페창업에 뛰어든다면 언제 어디서나 볼 수 있는 진부한 창업이 되는 것이다.

이렇게 커피시장의 멈출 줄 모르는 성장 덕분에 고품질 커피에 대한 사람들의 관심도가 높아졌다. 이제는 마이크로 로스터와 같은 다양한 장비로 가정에서도 누구나 쉽게 자신의 취향에 맞는 질 좋은 커피를 만들고 마실 수 있게 되면서 단순히 마시는 것을 넘어서 커피와 관련한 또 다른 여러 가지 니즈needs가 생겨나고 있다.

2016년 3월, 암스테르담 커피 페스티벌에서 커피 샷이라는 바리스타와 지역주민을 연결해주는 앱App이 주목을 끌었다. 알누드 알레스버그와 코린 슈말Arnoud Aalbersberg & Corine Schmal이 공동창업한 이 앱은 프랑스에 가까운 국가와 캐나다에 거주하는 150명의 참석자 중 베타 버전 테스터로 자원한 100명을 등록하여 테스트를 거친 후 5월에 공식적으로 서비스 되었다.

출처: sprudge.com

　　이 앱은 Google Play와 Apple Store에서 모두 볼 수 있으며 사용자가
iOS 및 Android를 실행하는 휴대 전화 및 태블릿에서 사용할 수 있는 무
료 앱을 다운로드 한 다음 프로필을 만들어 신용 카드 또는 PayPal 계정에
연결하여 사용하면 된다. 이 앱의 작동 방식은 바리스타를 포함하여 커피
를 제공하고자 하는 사람들, 즉 제공자들은 그들이 있는 장소와 손님을 받
을 수 있는 시기, 가지고 있는 커피 관련 장비류 및 메뉴를 지정할 수 있
다. 커피를 마시고자 하는 앱App 사용자는 앱의 GEOLOC－지리위치 코드
Geolocation Code를 사용하여 주어진 시간에 로그인 한 제공자가 있는지 확인
한다. 커피 샷 사용자가 바리스타와 커피를 제공하고자 하는 사람들의 프
로필과 접근 가능한 위치를 확인하고 관심있는 제공자에게 방문을 요청을
한다. 제공자가 사용자의 방문요청을 승인하면 사용자는 제공자의 주소와
세부 정보를 수신하고 제공자가 있는 장소로 떠나기 전에 고객이 앱을 통
하여 결제를 한 후 검토 요청을 보내는 작동 원리를 가지고 있다.

25

출처: sprudge.com

가격은 커피를 제공하는 제공자에 의해 결정되지만 Coffee Shots의 소형매장에서는 에스프레소는 1.50유로한화 1,800원, 카푸치노는 2유로한화 2,400원에 판매한다. Coffee Shots은 금액의 20%를 수수료로 받는다. 수수료의 대부분은 더 많은 응용 프로그램 개발을 위해 사용되어지고 10%는 Coffee Shot이 선택한 커피원두 원산지 국가의 농부들을 위하여 쓰여지며 매출의 1%를 말라리아 퇴치를 지원하기 위해 기부한다. Coffee Shots은 앱서비스와 함께 질 좋은 원두를 비롯한 각종 커피 관련 장비와 물품들을 제공하고 판매한다. 커피를 제공할 만한 적절한 공간이 없는 바리스타와 같은 커피 제공자들에게는 소규모의 장소를 제공해준다. 소규모 장소는 앱서비스를 시작한 다음 달부터 바로 운영을 시작했으며 이메일을 통하여 바리스타 baristas의 예약을 받아 시간제로 공유한다. Coffee Shots에서 제공하는 장소를 이용할 경우 결제금액의 50%를 수수료로 받아 장소임대료 비용으로 충당하는 비즈니스 모델을 가지고 있다.

출처: sprudge.com

    Coffee Shots이 제공하는 이 P2P 앱App서비스가 네덜란드의 커피전문점에 위협은 되지 않을까? Coffee Shots의 최고 로스팅 책임자인 알누드 크루버Arnoud Kruiver는 그렇게 생각하지는 않지만 품질이 좋지 않은 커피를 판매하는 카페나 커피전문점에는 다소 위협이 될 수 있다고 얘기한다. 그렇다면 우리나라에 Coffee Shots과 같은 앱이 서비스가 된다면 어떨까? 우리나라에서도 네덜란드와 크게 다르지 않을 것으로 보인다. 오히려 이 서비스가 질 좋은 커피를 마시려는 고객들로 인하여 소규모 커피전문점들의 고품질 커피제공에 대한 높은 관심과 고려로 이어질 것이며 이 서비스를 통해 주변 커피애호가들의 커뮤니티 장소로 활용될 가능성이 높다. 그리고 커피에 관심이 많으며 취미수준으로 커피를 배우고 싶어하는 사용자들의 커피교육장소로도 활성화 될 가능성이 있어 질 좋은 커피를 제공하고자 하는 소규모 커피전문점에는 긍정적인 영향을 미칠 것으로 보인다. 그리고 커피 장비와 커핑에 필요한 기구들을 갖추고 있다면 바리스타나 나름대로 커피에 조예가 깊은 사람들은, 운영하는 커피숍이 없어도 자신들의 오피스

27

텔이나 연구실을 활용한 커피 커뮤니티를 통하여 새로운 사람들과 모임이나 네트워크를 형성하는 데 도움이 될 수 있다. Coffee Shots이 제공하는 P2P 앱App서비스는 사회적으로 인기 있는 커피 커뮤니티가 될 잠재력을 가지고 있다.

무인 레스토랑이
가능할까?

아무도 없는 식당에서 직접 식사를 만들어 먹어야 한다면 어떨까? 집에서 먹을까 아니면 호기심에 한 번쯤 가볼까? 2015년 네덜란드 암스테르담에 직원 없이 손님이 스스로 요리하는 '푸디시Foodsy'라는 첫 번째 무인 레스토랑이 오픈했다. 푸디시는 일류 요리사인 에드윈 샌더Edwin Sander가 직원이 없어도 레스토랑 운영이 가능할 것이라며 실험적인 취지로 만들었다고 전 세계에 홍보했다.

출처: evadingen.nl

레스토랑에는 방문하는 손님이 쉽게 요리할 수 있도록 장비사용 지침과 몇 가지 메뉴, 요리 레시피 카드가 비치되었다. 식사하는 손님은 요리를 위해 준비되어 있는 음식재료를 사용하거나 경우에 따라 미리 준비되어 있는 스프 또는 스튜를 사용하기만 하면 된다.

생맥주를 따르는 손잡이인 탭을 사용하는 방법, 식사 후 커피도 마실 수 있도록 머신 사용법과 만드는 방법을 설명해 놓은 안내문을 비치해 놓았다.

출처: rtlz.nl(www.rtlz.nl)

식사비용은 식사 후 레스토랑에 비치된 iPad 앱을 사용하여 지불하며, 직원이 없기 때문에 식사비용은 다른 레스토랑보다 훨씬 저렴하다. 푸디시는 언론과 사람들의 관심을 끌었다. 자신이 직접 음식을 만들기를 좋아해 재미있을 것이라고 생각하는 사람들도 있었고, 자신의 여가시간에 요리하는 요리사가 되어 남편이나 아내, 혹은 연인과 함께 귀중한 시간을 만든다는 점에서 푸디시 무인 레스토랑의 새로운 콘셉트가 사람들에게 매력적으로 다가왔다. 그것은 새로운 경험이며, 때로는 좋은 경험일 수도 있고, 나쁜 경험일 수도 있다. 왜냐하면 스스로 요리부터 뒷정리까지 모든 것을 해야 하기 때문이다.

　　신문들은 이 새로운 콘셉트에 대해 기사를 썼고, 사람들은 레스토랑이 오픈하는 당일에 방문하여 새로운 콘셉트의 무인 레스토랑을 즐기고 경험하였다.

출처: rtlz.nl(www.rtlz.nl)

　　하지만 이 무인 레스토랑은 네덜란드의 노동조합연맹인 FNV가 레스토랑에서 일하는 종사자들의 저임금에 관심을 갖도록 고안한 하나의 캠페인이었다. 네덜란드의 노동조합연맹 FNV는 레스토랑이 문을 열었던 주말 다음 날인 월요일, 식사를 하고 간 사람들이 남긴 지저분하고 엉망이 된 레스토랑 내부의 사진을 공개했다. 네덜란드의 노동조합연맹은 이 무인 레스토랑이 직원 없이도 운영될 수 있다는 것을 보여주는 대신, 직원이 없으면 운영되지 못하며 존재할 수 없다는 것을 보여준 단순한 계책이었다.

출처: rtlz.nl(www.rtlz.nl)

네덜란드에서 2014년 4월 이후 호레카HORECA: Hotel, Restaurant, Cafe의 철자를 따서 만든 단어, 호텔, 레스토랑, 카페 등의 산업을 통칭해서 말함 부문은 공식적인 임금협상 대상에 포함되지 않았다고 노조는 전했다. 노조는 2년 동안 호레카 업계의 고객회전율은 계속 상승했지만 호레카 종사자들은 그에 합당한 이익을 얻지 못했다고 밝혔다. 이런 노조의 계책으로 사람들은 많은 관심을 가졌고 이에 효과가 있었다. 하지만 무인 레스토랑이 노동조합연맹 FNV의 계책이라는 것을 알았을 때 레스토랑을 방문했던 사람들을 비롯하여 많은 사람들은 매우 실망했다. 이 무인 레스토랑 캠페인은 좋은 취지긴 했지만 소비자의 입장에서는 좋은 방법이 아니었다. 사람들은 투명성을 중요하게 생각하고, 바보짓 하는 것을 좋아하지 않기 때문이다. 이 일에 동참한 요리사 에드윈 샌더Edwin Sander도 이미지가 손상되었고 무인 레스토랑은 그렇게 호레카에 종사하는 사람들의 처우에 대한 관심을 일으키고 헤프닝으로 끝났다. 하지만 이 사건 기사의 대부분, 특히 결론은 이 무인 레스토랑이 비즈니스 아이디어의 포인트로 네덜란드에서는 여전히 관심을 갖고 있다는 것이다.

이 무인 레스토랑 콘셉트는 사업아이템으로서는 긍정적인 생각이 든다. 외식사업을 한 번이라도 해본 사람들이 이구동성으로 말하는 가장 첫 번째로 꼽는 어려운 부분은 직원관리이다. 저자 역시 외식음료 프랜차이즈 회사부터 크고 작은, 그리고 많은 다양한 외식사업을 창업하고 운영했었던 경험자로서 가장 어려웠던 점이 직원채용과 이직관리, 인건비와 관련한 일들이었다. 무인 레스토랑이 이런 직원과 관련된 어려움을 다소 해결해줄 수 있는 아이템이 될 수 있다. 또한 요즘은 여성들에게 자신이 직접 요리 실력을 선보여 요리를 대접하고 싶어 하는 니즈Need를 가진 남성들이 많이 생겼다. 스타 셰프의 영향도 크겠지만 각종 매스컴에서 요리 잘하는 남자가 섹시하고 멋있어 보인다는 여성들의 이야기가 한몫 했으리라 생각된다. 그리고 생일과 같이 특별한 날, 특별한 경험을 선사하고 싶은 커플들에게도 좋은 장소가 될 수 있다. 이런 부분들로 볼 때 이 무인 레스토랑은 새로운 개념의 레스토랑 비즈니스 모델로 아이디어는 훌륭해 보인다.

하지만 네덜란드 방식의 무인 레스토랑을 그대로 도입하는 건 무리가 있다. 요리 준비부터 조리와 식사 후 음식물 처리, 식기세척까지 모든 것을 고객이 해야 하는 시스템으로는 우리나라에서 사업이 성공하기 힘들어 보인다. 여러 가지 운영방식과 시스템의 문제점들을 보완해야겠지만 가령, 원하는 요리재료의 칼질과 조리, 플레이팅 실력만 선보일 수 있도록 필요한 모든 재료들의 세척과 기본 손질은 되어 있고, 식사와 후식을 즐긴 후 테이블을 치우거나 세척은 레스토랑에서 하는 방식이라면 괜찮아 보인다. 고객의 니즈Need만을 채워주는 것이다.

비즈니스 모델을 디자인 하는 데 있어 고객이 원하는 가치를 제공하는 것은 중요하다. 푸디시 무인 레스토랑에서 엿볼 수 있는 비즈니스 아이디어의 혁신적인 부분은 직원관리에 대한 사업주의 고민을 덜어주는 것과 비즈니스 모델 구축에서 주목되어지는 공유경제와 경험경제를 제공하고 있는 부분이다.

갈수록 더 치열해지는 외식산업 분야에서 인력운영과 더불어 인력대체에 대한 고민도 꾸준히 이어져 오고 있다. 이런 무인 레스토랑과 같은 아이템들을 시작으로 앞으로 인공지능AI, artificial intelligence 로봇을 앞세워 인력을 대체하는 시대가 올 것이다.

　우리가 흔히 얘기하는 음식의 손맛이나 정성은 사람을 따라갈 수 없다할지라도 시대에 따라 고객의 니즈Need는 계속 변해가고 비용이나 시간 측면에서 인공지능 로봇은 인간의 효율성과 균일성에서 압도할 것이다.

인공지능(AI)이 만드는
크래프트 비어

　　　　4차 산업혁명 시대에 걸맞게 인공지능AI은 빅데이터를 수집할 뿐 아니라 스스로 학습하여 소비자의 기호에 최적화된 음식을 만들어내는 수준에 이르렀고, 3D프린터는 프로그래밍을 통하여 그에 맞는 재료만 넣어주면 셰프처럼 요리를 만들어낸다.

출처: Intelligentx.ai

영국의 머신러닝 기업인 '인텔리전트 레이어Intelligent Layer'와 광고 대행 사인 '텐엑스10x'가 손을 잡고 '인텔리전트 엑스 브루잉 컴퍼니Intelligent X Brewing Company'라는 스타트업 회사를 설립했다. 인텔리전트 엑스Intelligent X는 '골든 AI', '앰버 AI', '페일 AI', '블랙 AI' 등 4종의 크래프트 비어Craft Beer를 생산하고 판매한다.

인텔리전트 엑스Intelligent X의 4가지 맥주는 처음 양조된 이후로 복잡한 기계학습 알고리즘을 사용하여 소비자가 맥주에 대해 좋아하는 것을 파악하고 결정한 다음, 사람들의 취향에 맞게 조금씩 레시피를 조정하여 새로운 버전을 만들었다. 이렇게 고객의 임상 실험에서 수집된 초기 피드백 데이터를 수집하여 약 1년 동안 11번의 레시피 수정을 거친 뒤 제품으로 출시하였다.

출처: Intelligentx.ai

데이터 수집은 소비자가 맥주병에 인쇄되어 있는 코드를 이용하여 페이스북 메신저 봇Messenger Bot에 접속하는 방식이다. 메신저 봇이 소비자들이 경험한 것과 취향에 관한 질문을 하면 1번부터 10번까지 구성된 질문에 '예 또는 아니요'로 응답하거나 검색어 및 객관식으로 응답하는 형태로 이루어진다. 지금까지 해왔던 일반적인 방식으로는 계속해서 많은 양의 데이터를 수집하는 것이 매우 어렵고 시간이 오래 걸리지만 인공지능AI은 데이터를 쉽게 수집하고 분석할 수 있다. 이런 시스템은 모든 고객을 양조업자와 같은 역할을 하게 만든다.

이 알고리즘은 페이스북의 메신저 봇을 통해 제공되는 고객 피드백 데이터를 사용하여 인텔리전트 엑스의 마스터 브루어에게 다음에 레시피를 어떻게 변경하여 무엇을 끓일지 알려준다. 인텔리전트 엑스의 인공지능은 보강 학습과 베이지안bayesian 최적화 조합을 사용하여 알고리즘은 좋은 결과를 얻을 때 보상을 통해 경험으로부터 학습한다. 알고리즘의 궁극적인 목표는 영국의 캄라 챔피언 비어CAMRA Champion Beer와 같은 주요 맥주 대회에서 우승하는 것이다. 인텔리전트 엑스Intelligent X의 4가지 맥주는 현재 4.50 유로한화 약 5,500원에 동부 런던과 다양한 펍Pub에서 판매되고 있다.

출처: Intelligentx.Twitter.com

식품분야에 있어서 특히 레시피가 맛에 중요한 영향을 미치는 제품들은 인공지능AI: artificial intelligence 로봇을 활용하여 소비자의 취향을 학습하고 파악하여 가장 선호하는 맛의 제품으로 제조, 생산될 것이다.

매주 열리는 회원제
팝업레스토랑

디너랩Dinner Lab은 회원제로 운영되는 새로운 형태의 저녁 만찬 클럽이자 새로운 형태의 팝업레스토랑이기도 하다.

창립자인 브라이언 보데닉Brian Bordainick은 처음 시작했을 때, 저녁 만찬 클럽 사업에 필요한 것들을 준비하기 위한 돈이 없어 가까운 전당포에서 은 식기와 포크, 스푼, 나이프 등을 구입하여 2012년 뉴올리언즈에서 첫 번째 행사를 진행했다. 뉴올리언즈에서 첫 번째 행사를 한 지 2년 만에 Dinner Lab은 10개 도시로 확장되었고 2012년 11월에는 한 명이었던 정직원이 23명으로 늘어났으며 이후 31개 도시까지 확장하였다. 디너랩은 성공적인 저녁 만찬 클럽으로 성장하였고 로스앤젤레스와 뉴욕에서 있었던 저녁 만찬은 티켓판매 게시 3분 만에 매진되는 사례도 있었다.

출처: Entrepreneur.com

디너랩에서 제공하는 저녁 만찬 이벤트에 참석하고 싶은 고객은 연간 회원에 가입해야 한다. 연간회원의 경우 연회비는 125달러~175달러한화 약 143,000원~200,000원이고 일주일에 2번의 이벤트에 참석할 수 있으며 이벤트당 1인 55달러~95달러한화 약 63,000원~110,000원 정도의 식사가격을 지불하고 정기적인 저녁식사를 이용할 수 있다. 회원은 이벤트 티켓 2장을 구입할 수 있으며 세금 및 팁이 포함되어 있어 당일 저녁에는 환불되지 않는다. 회원에게는 정기적인 저녁 만찬 행사에 참석할 수 있는 회원자격을 제공하며 때로는 티켓 예매 상황에 따라 일주일에 3회까지도 참석할 수 있다. 회원들이 예약을 하는 데 어려움을 겪지 않게 각 도시의 회원 수에도 제한을 두었다. 디너랩의 매력은 식사장소에 있다. 식사장소는 일반 레스토랑과 달리 따로 정해져 있지 않으며 이벤트마다 간이 소규모 헬기장, 공장, 오토바이 판매점, 버려진 부두 등 색다른 공간에서 열린다.

출처: Instagram.com

장소공지와 함께 티켓은 3주 전부터 판매되고 때로는 식사장소가 이벤트 전날까지 발표되지 않는 경우도 있다. 디너랩은 이벤트가 열리는 각 지역에서 인재풀을 확보한다. 참여하는 요리사의 약 50%는 그 지역의 실력 있는 주방장과 음식점을 통해 자신의 메뉴를 만들고 홍보하고자 하는 지역

식당의 라인 요리사들이다. 나머지 50%는 클럽 회원들로부터 높은 점수를 얻었거나 새로운 지역과 고객에게 메뉴를 알리고 싶어 하는 요리사들과 디너랩이 고용한 상근 요리사들로 구성된다. 디너랩은 레스토랑 주방에서 요리하는 요리사들에게 새로운 장소에서 자신의 예술을 창작할 수 있는 기회를 제공하고 식사가 끝난 후에는 고객에게 코멘트 카드를 나누어 주어 음식에 대한 의견을 받아 음식에 대한 고객의 의견을 요리사에게 피드백 해준다. 그리고 요리사가 높은 평가를 받으면 다른 도시의 이벤트 매장에서 자신의 메뉴를 더욱 발전시키고 선보일 수 있는 기회를 준다. 디너랩은 코멘트 카드를 통하여 고객에게는 차후 더 나은 이벤트를 경험할 수 있도록 의견을 수렴한다. 그리고 고객들의 네트워크 측면도 고려하였다. 고객들이 12명씩 모여 앉을 수 있도록 하여 낯선 사람들이 만나고 어울리는 기회를 가질 수 있도록 하였다. 디너랩 저녁 만찬 클럽의 네 가지 주요 요소는 이렇다. 첫 번째, 이벤트를 하는 지역의 알려지지 않았지만 새롭고 실력있는 요리사가 제공한 창의적인 식사와 지역 인재풀 활용. 두 번째, 회원들이 각 과정과 전반적인 경험에 대해 즉각적인 피드백을 제공할 수 있는 능력. 세 번째, 이벤트를 위해 제공되는 독특한 장소와 엔터테인먼트. 네 번째, 손님에게 새로운 관계를 맺을 수 있는 기회를 제공하는 사회적 측면이다. 디너랩의 네 가지 주요 요소를 보면 비즈니스 모델의 긍정적인 부분은 많아 보인다. 내성적인 사람들은 다른 사람들과의 어울림에 대한 부담감으로 회원가입을 꺼려할 수도 있겠지만 고령화 시대에 맞춰 네트워크 형성을 원하는 은퇴자들, 혹시 모를 이성과 만남에 대한 기대감을 가진 싱글 및 기업 네트워킹 담당자에게는 좋은 음식을 먹으며 새로운 친구와 비즈니스 관계를 맺을 수 있는 훌륭한 방법이 될 수 있다.

이렇게 좋은 소비자 경험을 제공하고 성장을 보이며 사업성이 있어 보였던 이 디너랩 비즈니스는 사업개시 3년 6개월만인 2016년 4월 직원 43명을 해고하고 폐업했다. 디너랩이 관리하기가 어려웠던 부분은 매출과 수익에 관련된 경제학적인 부분보다 끊임없이 새로운 개념을 만들고 새로운 장

출처: Instagram.com

소를 섭외하고 호스팅하며 모든 위험을 감수해야 하는 부분이었을 것이다. 또한 매번 식당을 개업하는 것과 같은 힘든 부분들도 있었을 것이다. 몇 건의 사건을 예를 들자면 뉴욕시에 소재한 교회에서 프로판 버너를 사용하는 만찬이벤트를 주최했을 때 한 이웃이 건물에 불이 난 것으로 착각하여 911에 신고한 일이 있었다. 이 일로 12대의 소방차가 출동하는 헤프닝이 발생하였다. 덴버에서는 보건부가 나와 행사가 시작되기도 전에 모든 음식을 버려야 했다. 그리고 주 법무장관에게 디너랩이 하는 일이 위험하지 않으며 안전하다는 의견서를 작성하여 제출해야 했다. 디너랩은 벤처캐피털에서 1,050만 달러_{한화 약 120억} 투자도 받았다. 그리고 2016년 1/4 분기의 매출이 최고였지만 그동안 만족할 만한 이익을 얻지 못했고 지속가능한 비즈니스 모델을 찾지 못한 채 자금 확보의 어려움도 겪고 있었다. 벤처 캐피털자금을 확보하면서 회사를 성장시키고 사업을 여러 지역으로 확장할 수는 있었겠지만 벤처 캐피털의 자금을 투자받음으로써 수익성을 확보해야 하는 신생 기업의 어려운 환경에 직면했을 것이다. 예를 들어, 자금을 투자한 벤처캐피털이 투자금액의 빠른 회수를 위한 조치의 일환으로 직원 채용과 사업의 유지방향을 재평가하면서 일을 잘 파악하고 실행해 왔던 직원 대부분을 해고한 것도 어려움으로 작용했다. 급여지출 부분이 많은 정규직원 고용 대신 계약직과 파트타임 채용으로 직원을 전환시킨 상황이 경영을 악화시키고 사업을 지속하기 어렵게 만든 가장 큰 원인이었을 것이다.

디너랩과 같은 비즈니스 모델은 풀타임 근무자인 이벤트 직원을 신중하게 관리해야 한다. 서비스 산업에서는 고객과 접점을 이루는 직원인 그들이 곧 경쟁력이며 물류역할을 한다. 또한 고객에 대한 사소한 정보부터 때로는 운영상의 문제점이나 개선방법까지 그들에게서 들을 수 있기 때문이다. 그리고 호스팅과 직원관리뿐만 아니라 각 행사의 공급 상황을 파악하고 디너랩의 작업 단계에서 작동할 수 있는 올바른 소싱Sourcing을 찾는 것이 필요했다.

오너셰프의 꿈을 지원하는 미국의 레스토랑 인큐베이터

스몰 맨 갤리Smallman Galley는 미 해군 중위 2명이 세계를 여행하면서 생각해냈다. 미 해군의 특성상 여러 나라를 항해하며 각 나라마다 각기 다른 독특한 요리와 그 식당들의 재능을 갖춘 요리사들을 경험하면서 아이디어를 떠올리는 계기가 됐다. 유명하지는 않지만 재능 있는 요리사가 자신만의 레스토랑을 열어 시장에서 공정한 기회를 가질 자격이 있다는 신념하에 설립되었다.

스몰 맨 갤리는 레스토랑 개업을 원하는 재능 있는 요리사들을 발굴하여 기술을 연마하고, 비즈니스 감각을 키우고, 개념을 따르는 컬트cult를 구축할 수 있도록 포럼을 제공하여 자신의 레스토랑 창업을 원하는 오너셰프를 키우고 가속화한다. 200명의 손님을 수용할 수 있는 공간에 4개의 주방

출처: Smallmangalley.com

출처: zipcar.com

과 셰프Chef를 갖춘 저위험, 저비용으로 외식시장에 자신의 개념을 도입할 수 있는 인프라를 제공한다. 4명의 요리사는 스몰 맨 갤리에서 18개월간 스몰 맨 갤리가 요구하는 프로그램을 수행하며 보낸다. 그들은 제공된 공간에서 자신의 레스토랑을 운영하는 것과 똑같이 운영하고 자신들이 생각해왔던 방식대로 사업을 할 수 있는 자율권을 가진다.

메뉴를 기획하고 설정하며 함께 일할 직원도 그들이 직접 고용한다. 그리고 매주 월요일 영업이 종료되면 4명의 요리사는 그들이 스몰 맨 갤리에서 18개월을 마친 후 사업과 관련된 브랜딩, 사업 계획 초안 작성, 마케팅 및 레스토랑 운영에 대한 업계 전문가들의 교육에 참석한다. 스몰 맨 갤리는 그들이 요리의 예술적 재능과 비즈니스 기술을 융합하도록 돕는다. 여기에서 그들에게 주어진 18개월 중 마지막 6개월은, 창업자금조달을 할 수 있도록 돕고 도시에서 그들이 다음 위치를 찾을 수 있도록 도우며 부동산 개발업자와 금융 네트워크에 연결시켜준다. 스몰 맨 갤리는 6,000평방 피트약 557㎡, 170평, 200석 규모의 공간에 풀 바, 커피 & 에스프레소 바Bar와 4개의 혁신적인 레스토랑을 제공한다. 이렇게 18개월간 4명의 요리사이면서 예비창업자인 그룹이 일정 과정을 마치면, 새롭게 선정된 4명을 데리고 다시 새로운 18개월을 시작한다. 스몰 맨 갤리는 피츠버그 스트립 디스트릭트Strip District 거리의 유서 깊은 공간을 지속적으로 재창조하여 최고의 요리 세계를 선보이며 인큐베이팅을 거쳐 재능을 갖춘 오너 셰프를 배출한다.

출처: Smallmangalley.Twitter.com

　　스몰 맨 갤리의 비즈니스 모델은 예비 오너셰프가 그들이 창업했을 때와 똑같이 사업을 직접 경험해 볼 수 있도록 했다는 점에서 혁신적이다. 예비 오너셰프는 자신이 구성한 메뉴에 대한 고객들의 반응이나 평가가 바로 매출로 나타나고 반응이 좋지 않다면 창업 전 그것을 보완하고 변경하여 만회할 수 있는 기회를 가진다. 고객들도 스몰 맨 갤리가 재능 있는 예비 오너셰프 시스템인 것을 알기에 오히려 응원을 보내고 더 나은 메뉴를 기다려 줄 수도 있다. 만약 스몰 맨 갤리가 아닌 자신의 레스토랑이었다면 매출 부진으로 인한 현실적인 문제로 바로 이어졌을 것이다.

　　수익을 내어 시스템을 유지해야 하는 스몰 맨 갤리 입장에서도 이런 부분이 문제가 될 수 있다. 하지만 한 명의 예비 오너셰프로 이러한 문제가 발생하더라도 다른 나머지 3명의 예비 오너셰프로 인하여 스몰 맨 갤리에는 크게 문제가 되지 않는다. 스몰 맨 갤리는 이런 예비 오너셰프들이 창업 전 겪을 수 있는 문제들을 미리 경험하고 보완 발전시킬 수 있도록 만든 시스템이기 때문이다. 스몰 맨 갤리는 예비 오너셰프가 창업과 관련된 브랜딩, 사업계획서 작성방법과 필요성, 마케팅, 레스토랑 운영에 대한

출처: zipcar.com

업계 전문가들의 교육과 멘토링을 통하여 창업의 시행착오를 줄일 수 있는 기회를 제공할 뿐만 아니라 일정기간 동안 직접 사업을 할 수 있는 공간과 시스템을 제공하여 창업실무를 직접 경험할 수 있도록 했다. 여기에 자금력이 없거나 부족하여, 실력과 가능성이 있어도 창업의 기회조차 갖지 못할 수 있는 부분을 투자자 시스템과 금융 네트워크까지 제공하여 해결할 수 있도록 한 점은 어려운 창업 생태계에서 희망을 주는 부분이다.

스몰 맨 갤리는 사용자가 소프트웨어를 개발할 때 사용하는 웹사이트나 웹 애플리케이션처럼 피츠버그Pittsburgh에서 레스토랑 창업을 원하는 요리사가 새 레스토랑 콘셉트 개발을 하기 위한 가장 좋은 런치패드Launchpad라고 할 수 있다.

환경, 국가비용, 경영주, 소비자
네 마리 토끼를 잡는 음식포장 서비스 앱(App)

연구에 따르면 우리가 먹는 음식의 절반 정도가 낭비되는 것으로 나타났다. 이런 낭비로 인한 환경 문제를 완화하는 데 도움이 되는 혁신적인 아이디어가 녹아있는 앱이 출시되었다. 2015년 말 덴마크에서 크리스와 제이미라는 두 친구가 영국으로 오면서 고안한 뒤 2016년 1월 공동설립한 투굿 투고Too Good To Go앱이 바로 그것이다.

투굿 투고 앱은 사용자가 지역 식당에서 크게 할인된 가격으로 음식을 주문할 수 있다. 대부분의 식당들은 영업이 끝나갈 때쯤 판매되지 않은 음식 중 다음날 다시 판매할 수 없는 음식은 어쩔 수 없이 모두 버린다. 이렇게 버려지는 음식들은 환경적인 문제와 그 음식물을 처리하는 국가적 비용을 많이 발생시킨다. 식당의 경영주는 판매되지 않은 음식을 버림으로써 감수해야 하는 경제적 손실이 만만치 않다. 투굿 투고 앱은 이러한

출처: Toogoodtogo.co.uk

문제점들을 해결하는 데 도움이 되며 소비자는 이 앱을 통해 다양한 레스토랑을 선택하고 저렴한 가격으로 식사를 즐길 수 있다. 음식물 쓰레기로 인한 이산화탄소 절감과 그것으로 인하여 발생하는 국가적 비용 절감, 버려지려던 음식으로 수익을 발생시키고 소비자에게는 저렴한 식사제공까지, 이러한 사회적, 경제적 측면을 모두 해결할 수 있도록 고려한 점이 이 앱의 장점이며 투굿 투고는 음식물 쓰레기를 줄이기 위한 하이퍼 로컬 Hyper-Local 환경 사회적 기업이다. 이 앱의 작동방법은 앱 사용자가 본인이 있는 주변이나 자신의 집 주변에 음식점과 그 날 제공하는 음식이 무엇인지 검색하고 그 중 관심있는 음식점의 음식을 구매한 뒤 음식점에서 지정한 픽업 시간에 음식을 찾으러 가는 방식으로 작동된다. 일반적으로 음식점에서는 영업이 거의 끝나가는 시간이나 그 이후에 지정된 픽업 시간을 안내한다. 식사비용은 2파운드~3.8파운드한화 약 2800원~5400원이며 고객은 자신이 원하는 식사를 선택할 수는 없다. 대신, 어떤 음식들이 제공되는지는 그 식당이 평소 판매하는 메뉴로 짐작할 수 있으며 취향에 맞게 선택하면 된다. 가령 초밥을 전문으로 판매하는 일식당의 경우 판매하고 남은 초밥들이 제공될 것을 짐작할 수 있다. 투굿 투고는 이 앱 서비스에 참여한 식당에 재활용 할 수 있는 테이크아웃 식품 용기를 제공한다. 이 용기 역시 사탕수수로 친환경 상자를 만들었으며 소비자들이 이동 중에도 식사를 즐길 수 있도록 하였다. 또한 도움이 필요한 사람들에게 식사를 기부할 수 있는 옵션도 있다.

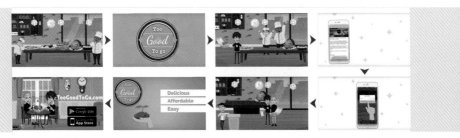

출처: Toogoodtogo.co.uk

투굿 투고는 2016년 1월 영국에서 설립한 지 5개월 만인 6월에 브라이튼과 리즈Brighton and Leeds에서 앱 서비스를 시작하여 런던 및 기타 지역에서 작업을 진행하고 있다. 현재 투굿 투고는 6개국에 재단을 두고 있으며 앱 출시 초기 6개월 동안 약 200톤 이상의 이산화탄소 배출을 막고 도움이 필요한 사람들에게 버려졌을 수천 끼의 식사를 제공했다.

이 앱이 우리나라에서 출시되어 서비스된다면 어떨까? 현재 서비스되고 있는 영국을 비롯한 다른 나라와 크게 다르지 않겠지만, 뷔페식당이나 초밥을 주로 판매하는 일식 레스토랑, 빵집과 같은 셀프라이프에 민감한 음식을 판매하는 식당에서 유용하게 활용될 수 있을 것이다. 하지만 이 서비스에서 한 가지 주의해야 할 점은 고객입장에서 남이 먹다 남은 음식을 먹는다는 인상과 경제적으로 어려운 사람들이 이용하는 앱이라는 이미지가 형성된다면 아무리 좋은 비즈니스 아이템이라도 성공하지 못 할 것이다. 고객 입장에서 혹시라도 발생할 수 있는 부정적인 문제점들을 짚어보고 포

출처: Toogoodtogo.co.uk

지셔닝 한다면 음식물 낭비가 심한 우리나라에서도 사회 경제적으로 아주 훌륭한 역할을 할 것이다.

무제한 커피를 즐기자

무제한으로 커피를 즐길 수 있는 어플인 컵스 앱은 2012년 이스라엘 텔아비브에서 설립된 회사이다. 독립적인 소규모 커피숍을 위하여 개발된 컵스 앱은 대형 프랜차이즈와 경쟁할 수 있도록 한 멀티스토어 로열티 프로그램 아이디어 앱 서비스를 제공한다.

즉, 스타벅스와 같은 대규모 프랜차이즈의 할인프로그램과 같은 서비스를 제공할 수 있도록 하였다. 개인이 운영하는 카페에서 개별 할인제도 실행의 불편함과 리스크를 감수하지 않아도 되게 하였으며 대형 커피체인과 경쟁할 수 있도록 하였다.

컵스는 2012년 9월부터 2014년 9월까지 80곳의 텔아비브 및 예루살

출처: Nocamels.com

렘에서 베타 버전으로 운용되었다. 2013년 10월 뉴욕으로 이전하여 2014년 4월 11일 뉴욕에서 앱 서비스를 시작하였다.

2016년 2월에 컵스는 필라델피아의 30개 지역에 진출하여 미국 전역으로 확대하기 시작했으며 현재는 200개 이상의 커피숍들이 컵스 앱 회원사로 참여하고 있으며 미국 내 모든 도시의 커피 전문점으로 확대를 고려하고 있다.

컵스 앱은 사용자고객에게 현재 위치에 가장 가까운 컵스 앱 회원으로 등록된 커피숍 목록을 제공한다. 컵스는 두 가지 요금 플랜인 베이직 플랜Basic Plan 5CUPS $11 / 15CUPS $30과 올드링크 플랜All Drink Plan 5CUPS $18 / 15CUPS $51이 있다.

이용자들은 앱을 다운받고 원하는 '플랜'을 선택하여 미리 결제해놓으면 된다. 그리고 컵스 어플의 지도를 통하여 가까운 위치에 있는 컵스 앱 회원사 카페를 추적할 수 있고 자신이 원하는 커피숍에 방문하여 앱을 보여주고 음료를 가져갈 수 있다.

미국 어플들은 처음 가입할 때, 할인코드나 쿠폰 코드를 넣으면 10불, 20불의 형태로 할인쿠폰을 넣어주는데, 컵스 역시 가입 시 엔터 쿠폰Enter

출처: cupsapp.com

Coupon이라는 곳에 할인쿠폰코드를 입력하면 10불이 생성된다. 예를 들어 베이직 플랜을 결제한다고 하면, 1불만 결제하면 처음 6잔의 음료 이용이 가능하다.

두 가지 플랜 중 하나를 선택하여 결제 시 주의할 점은 자동 결제되지 않도록 하는 것인데 이 부분은 컵스 앱 입장에서는 고객을 유지하는 방법으로 긍정적으로 보인다.

컵스 앱은 사람들이 휴대폰으로 자신들의 커피를 미리 살 수 있을 뿐만이 아니라, 지역 곳곳에 숨어있는 개인이 운영하는 분위기 좋은 독립형 카페들도 추천해준다.

컵스 앱은 커피숍 운영자의 관점에서 볼 때, CUPS에 가입하면 다른 커피 매장을 찾지 못한 신규 고객을 유치할 수 있다. 고객에게 앱을 통해 판매되는 커피 한 잔당 할인을 제외한 모든 비용을 포함하지 않는 마케팅 플랫폼이다.

이스라엘 커피 숍에서 하프 쳐아마 이스라엘 커피를 마시는 사람들이 선호하는 카푸치노 타입의 음료가 평균 NIS 15약 4 달러를 소비한다는 것을 고려할 때, 커피 애호가들을 위한 컵스텔아비브CupsTelAviv 회원의 매력은 꽤 괜찮아 보인다. 그리고, 앱을 통하여 방문한 고객을 대상으로 케이크나 샌드위치 등 기타 다른 메뉴를 판매하여 추가 매출을 얻을 수 있어 고객유치가 우선인 커피숍 운

출처: Jewish Business News

영자들에게도 괜찮은 앱이다. 또한 고객에 대한 가치있는 데이터를 얻게 되며, 이를 통해 추가 시장을 목표로 삼을 수 있다.

수제맥주티백
(Craft beer tea bag)

미국 메릴랜드에 본사를 둔 홉 띠어리Hop Theory는 일반적인 라거 맥주를 2분 만에 수제맥주로 바꿀 수 있는 티백을 개발했다.

홉 띠어리에서 개발한 수제맥주티백은 홉, 과일 껍질 및 천연 향신료 등을 배합하여 만들어졌다. 홉 띠어리Hop Theory의 수제맥주티백은 일반적인 라거맥주에 홉, 과일 껍질, 천연 향신료 등을 배합한 티백을 넣으면 일반적인 밋밋한 맥주가 천연과일향을 품은 수제맥주로 바뀌게 된다는 원리다.

홉 띠어리Hop Theory의 수제맥주티백은 첫 번째 블렌드를 만들기 위해

50

출처: Hoptheory.com

성분의 완벽한 균형을 세심하게 조정했으며 칼로리가 높은 수제맥주의 특성을 고려하여 각 티백의 칼로리는 5Kcal 아래로 낮게 만들었다.

홉 띠어리Hop Theory의 첫 번째 블렌드 제품은 말린 오렌지색 껍질, 캐스케이드 홉cascade hops 및 고수풀 씨를 포함하여 만들었으며, 또 다른 블렌드 제품 4가지인 라즈베리, 호박, 복숭아, 쿠퍼스 IPA를 출시할 예정이다.

이 수제맥주티백은 일반적인 차 티백처럼 개별 포장되어 휴대가 간편하여 일반 맥주집이나 모임에 가져가 사용할 수 있다. 수제맥주티백을 맥주에 넣고 처음 우려낼 때는 2~4분이 걸리지만, 티백이 젖어있는 상태에서는 30초 정도 밖에 걸리지 않는다.

출시가격은 12봉지에 $ 14.95£ 10로 한화로 티백 하나에 약 1400원 정도이며 티백 하나에 4잔까지 가능하니 가성비에서도 나쁘지 않은 평가를 내리고 싶다.

출처: Hoptheory.com

홉 띠어리Hop Theory는 이 수제맥주티백으로 크라우드 펀딩 사이트인 킥스타터Kickstarter에서 많은 관심을 받으며 목표로 한 2만 5천불 금액을 달성하였다. 하지만 이러한 사람들의 관심에도 불구하고 수제맥주를 생산하는 양조업자들에게는 인정보다는 비난을 받았다.

한 가지 예로 잉글랜드 서머셋에 있는 독립 양조장 체다 알레스Cheddar Ales의 에밀리 윌리엄슨Emily Williamson은 '수제맥주티백Tea Bag' 아이디어에 회의적이라 말한다.

첫째, 양조 과정에서 홉을 추가하고 약초를 맛보며 껍질을 벗기는 과정들이 있으며 이러한 일련의 과정들은 맥주의 좋은 품질을 위해 그 성분을 안정화시키는 것이며, 둘째, 가장 중요한 것은 맥주를 만드는 과정 중 매싱mashing 과정에서 추출한 발효 액체가 집중되고, 여기서 맛, 향 및 균형이 복잡 미묘해지고 조절되어지는데 티백에 그러한 과정을 담을 수 없으며 깊은 맛을 낼 수 없다는 것이다.

수제맥주를 만들기 위해서는 시간과 정성이 많이 들어가며 어떤 양조장에서 어떤 재료로 어떻게 레시피를 잡고 어떤 노하우로 생산하는지에 따라 맥주의 질과 맛이 결정되어진다는 것은 사람들이 어느 정도는 알고 있다. 가격이 비싸지만 한 잔을 마셔도 맛있고 좋은 맥주를 마시려고 수제맥주를 찾는 사람들이 많아진 요즘, 맥주를 좋아하는 사람이라면 대부분 모르지 않을 것이다.

하지만 홉 띠어리Hop Theory의 이 수제맥주티백은 사업성이나 사람들의 관심을 끌 수 있겠다는 긍정적인 생각이 든다.

이 수제맥주티백이 맥주양조장에서 재료를 분쇄하고 당화와 여과 과정을 거쳐 즙을 내고 끓이고 냉각하고 발효하여 숙성이라는 많은 과정과 오랜 시간과 정성이 들어가 만들어진 수제맥주만큼의 맛이나 질적인 퀄리티를 능가할 것이라 생각하는 사람들이 얼마나 있을까? 홉 띠어리Hop Theory의 이 수제맥주티백에 관심을 가지고 사용해보고자 하는 사람들도 그 정도를 기대하지는 않을 것이다.

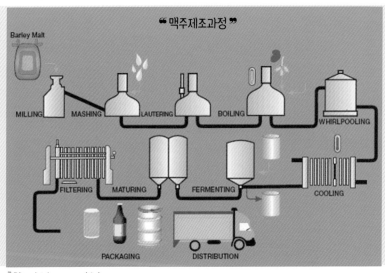

출처: whiskey creekink

맥주를 만드는 동안 수많은 시간을 지켜보면서 맥주를 시험하고 테스트하며 조리법과 온도를 무수히 조정하며 만들어지는 제품과 비교한다는 것은 무리가 있겠지만, 단지 일반적인 밋밋한 맥주를 본인이 좋아할 만한

향과 맛을 살리어 마실 수 있는 기회를 가질 수 있다는 것에 더 큰 의미를 두지 않을까 하는 생각이 든다.

수제맥주는 맛이 좋고 품질이 좋다는 장점이 있지만 가격이 비싸고 열량이 다소 높다. 일반적인 라이트한 맥주는 저렴하면서 칼로리가 적은 장점은 있지만 맛있어서 즐겨 찾는 맥주는 아니라는 것이다. 이런 저렴한 맥주에 자신이 원하는 과일향과 맛을 첨가하여 마실 수 있다는 것만으로도, 거기에 수제맥주의 단점인 높은 칼로리까지 낮춰 티백 하나에 5Kcal 이하의 수제맥주와 같은 맛과 향을 즐길 수 있다고 하니 썩 괜찮은 제품이라는 생각이 든다. 사람들이 먹고 마시는 것에 대해 진지하게 생각하고 맛과 풍미와 품질을 실험하도록 장려하는 모든 것은 좋은 것이라고 생각한다.

화학을 전공한 홉 띠어리의 창업자인 바비 가투 소Bobby Gattuso도 단순히 맥주 맛이 어떻게 조절되는지 사람들에게 알리고 싶었다고 했다. 이 티백으로 일반적인 맥주의 맛을 더 좋게 만드는 방법과 심지어 수제맥주 맛까지도 더 좋게 만들고 싶었으며, 맥주 외관상의 색깔과 농도 등 모든 맥주의 맛을 더 좋게 만들고 싶어 했다는 것이다.

출처: mantality.co.za

54

홉 띠어리Hop Theory의 티백이 수제맥주 양조업자들에게 부정적인 얘기들과 비난을 받기도 하지만, 런던의 수제맥주 펍과 양조장 홉 앤 글로리Hops & Glory의 주인인 다람 아킨슨Durham Atkinson은 홉 띠어리의 티백에 부정적인 시선을 보내지 않으며 오히려 맥주양조업자들에게 경각심을 일깨울만한 말을 하였다. "나는 수제맥주의 양조 과정에 대한 관심을 티백에 넣지 않았다고 보지 않는다.", "양조업자들이 수많은 시간 동안 맥주를 보면서 맥주를 시험하고 테스트하며 조리법과 온도를 무수히 조정하여 제품을 생산하고 있을지 의심스럽다.", "나는 홉 띠어리Hop Theory의 맛있는 수제맥주 티백에 의해 양조업자들의 정직함이 개선되기를 희망한다."

세계적으로 맛이 없기로 유명한 한국 기업에서 생산하는 몇 가지 일반적인 맥주에 홉 띠어리의 티백을 당장 넣어서 마셔보고 싶은 마음이 생긴다.

독서를 테마로 완성하는
네덜란드의 문학 만찬 클럽
북키스트 방켓(The Bookish Banquet) 레스토랑

네덜란드에 독서를 테마로 문학과 요리를 결합시킨 레스토랑이 있다. 이 고상하고 기발한 아이디어를 낸 창업주는 독일 출신의 찬탈Chantal이라는 작가로 호주와 영국에서 10년을 머물고 마라케시Marrakesh에서도 잠시 머물면서 2012년에 네덜란드 암스테르담에 정착했다. 찬탈Chantal은 작은 카페에서 라떼를 마시며 이야기 아이디어를 낙서하다 이 레스토랑 아이디어를 떠올렸다.

평소에 요리에 대한 열정이 있었던 그녀는 요리와 자신의 직업을 결합시켰다. 이 레스토랑은 네덜란드 암스테르담의 문학 만찬 클럽 북키스트 방켓 The Bookish Banquet이다.

북키스트 방켓The Bookish Banquet의 개념은 간단하다. 책 스토리를 기반으로 한 5가지에서 7가지 코스 요리가 제공된다. 창업자인 찬탈이 호스트 역할을 하여 책 속의 여러 가지 주제를 가지고 코스요리를 제공하며 저녁 식사를 이끈다.

두 개의 커다란 공동 테이블이 있고 거기에 사람들이 둘러 앉아 만찬을 즐기고 그날의 책 주제와 섹션에 대한 생각과 제목에 대한 이야기를 나눈다.

단순히 책에 대한 내용을 다루는 것을 넘어서 주제별 영화에 대한 이벤트를 진행하며, 다양한 형태의 오락과 함께 식사를 매치시킴으로써 북키스트 방켓The Bookish Banquet은 독특한 인문학적 감성을 이끌어 내어 참여한 사람들에게 특별한 식사경험을 제공한다.

예를 들어, 이상한 나라의 앨리스에 대한 주제를 선정한 날이라면 방

문한 손님들을 위해 이상한 나라의 앨리스Alice in Wonderland 캐릭터로 옷을 입고 7가지 코스 식사를 제공한다. 제공되는 음식에는 토끼 생과자와 같은 책 스토리에서 영감을 얻은 음식들이 준비되며 단순히 식사를 하며 책에 대한 내용을 공유하는 것 그 이상을 제공한다.

소설의 이야기, 분위기 및 캐릭터가 이전에 즐기던 일반적인 식사만을 위한 레스토랑과는 전혀 다른 저녁 식사 파티이다. 북키스트 방켓The Bookish Banquet에서는 책 내용에서 영감을 받은 요리, 음료 및 테이블 장식이 모두 포함되어 있어 서적과 식도락가를 위해 진정한 기억에 남는 연회를 만든다.

같은 테이블에 둘러앉았지만 서로를 모른 채 독서 만찬에 참가한 고객들은 코스요리가 제공되고 책에 대한 이야기가 진행되는 동안 어색함이 사라지고 자연스럽게 가까워지는 분위기가 형성된다.

조금 다른 식사 경험을 원하는 고객들을 위한 레스토랑을 준비하는 사람들이 있다면 북키스트 방켓Bookish Banquet과 같은 레스토랑이 도움이 될 것이다. 공통된 관심사에 대해 서로 모르는 사람들과 어우러져 서로 생각을 공유하고 이야기를 나누고 싶어 하는 고객들에게는 새로운 외식문화 공간이 될 것이다.

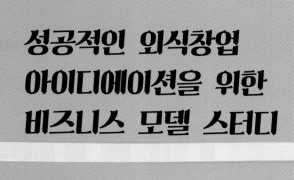

성공적인 외식창업
아이디에이션을 위한
비즈니스 모델 스터디

비즈니스
모델이란?

조직이나 기업이 고객에게 가치를 제공하기 위해 경제적, 사회적, 문화적 또는 기타 상황에서 그 가치를 창출하고 전달하고 획득하는 방법의 이론적 근거를 의미하며 기업의 수익을 창출하기 위한 전략들을 개발하는 원리를 묘사한 것이다.

비즈니스 모델의
혁신

비즈니스 모델의 혁신은 기업이나 조직이 기존의 가치보다 더 큰 가치를 창출하고 고객에게 더 큰 가치를 전달하며, 그 전달한 가치를 통하여 조직과 기업에 더 큰 가치를 획득, 지속 가능할 수 있도록 하기 위한 하나의 접근방법이라고 할 수 있다. 비즈니스 모델의 혁신에는 기존의 사업이나 아이템, 그에 해당하는 제품이나 상품에 대한 비즈니스 모델을 재편하거나 신규사업의 비즈니스 모델을 개발하는 것을 말한다.

비즈니스 모델의
가치와 의의

제품을 만들어내는 기술만으로는 고객을 위한 가치를 창출하지 못하고 기업 또한 제품 자체만으로는 기업을 위한 가치를 획득하지 못한다. 기술은 제품을 통해 고객을 위한 가치를 창출할 수 있고 제품은 비즈니스 모델을 통하여 기업을 위한 가치를 획득하게 된다. 기술은 제품을 만들어내고 제품은 고객을 만나지만 어떻게, 어떠한 방법으로 고객을 만나느냐에 따라 고객도 기업도 어떤 가치를 얼마나 획득하느냐가 정해진다는 것이다. 이런 것들이 비로소 비즈니스 모델을 통하여 완성될 수 있다는 것을 말해준다.

액션 카메라의 선두주자 고프로GoPro 제품을 예로 들어보자. 고프로의 창업자인 닉우드먼은 세계 서핑 여행을 하며 얻은 아이디어를 상업화하는 데 성공했다. 닉우드먼은 자신이 서핑타는 모습을 찍고 싶다는 생각에 액션캠 고프로GoPro를 만들었다. 제품이 출시되고 캠코더시장의 판도를 완전히 뒤집어 놓았다. 소비자들은 고프로가 보여준 새로운 촬영 방식에 열광했다. 고프로GoPro 액션캠 기술이 제품화 되어 서핑, 보드, 스키, 모터스포츠 등을 즐기는 고객들이 스스로 영상제작, 편집하여 사람들에게 자신의 동영상을 함께 공유할 수 있도록 모바일 생태계를 구축하여 가치를 제공하였다. 즉, 비즈니스 모델을 통하여 제품의 가치가 고객에게, 그리고 그 가치가 다시 기업의 가치로 되돌아 올 수 있도록 하였다.

비즈니스 모델의 가치가 여기에 있다. 비즈니스 모델은 기술이나 프로세스, 제품에 비해 낮은 인식과 잘 활용되고 있지 못한 혁신의 원천이며, 모방하거나 복제하기 어려운 제품 차별화의 원천이고, 경영성과에 큰 영향력을 미치는 경쟁력의 원천이라 할 수 있다. 같은 품질의 제품이나 상품일지라도 어떤 비즈니스 모델의 옷을 입느냐에 따라 없어질 수도, 수많은 대중과 같은 고객 앞에서 반짝반짝 빛날 수도 있는 것이다.

비즈니스 패러다임의
변화

시대가 변하며 과학의 발달로 인하여 우리 생활에 많은 변화가 있었다. 과학의 발전은 산업의 발달로 이어졌고 그것이 비즈니스 패러다임에도 많은 변화를 가져왔다.

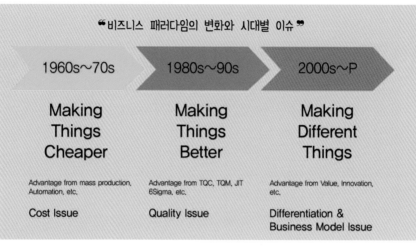

참고, 인용: Business Design Forum, David S, Park.

1960년대부터 70년대의 비즈니스 패러다임은 자동화 시스템을 통한 대량생산의 이점을 통하여 얼마나 싸게 제품을 공급할 수 있는가 하는 것이었다. 즉, 제품의 가격과 원가에 대한 이슈였다. 그러다 80년대부터 90년대에는 싸게 공급하는 것을 넘어 TQCTotal Quality Control, TQMTotal Quality Management, JITJust In Time, 6Sigma 등과 같은 품질과 관련된 이슈가 대두되었다. 싸지만 품질도 좋은 제품이어야 고객에게 어필할 수 있었다.

그리고 2000년대로 들어서면서 싸고 좋은 것만을 넘어서 남들과 다른 제품을 생산하고 거기에 혁신기술혁신, 프로세스혁신, 제품혁신, 비즈니스 모델 혁신을 통한 가치를 불어넣어 제품을 판매하는 비즈니스 패러다임이 변해왔다.

이렇듯 빠르게 변화하는 소비자의 니즈Needs와 비즈니스 생태계의 변화에 적응하지 못하면 금방 도태된다. 이런 비즈니스 패러다임이 비단 공장에서 만들어내는 제품에만 국한되어 있는 것은 아니다.

외식산업에 있어서 비즈니스 패러다임은 빠르게 변화하여 왔다. 외식산업 트렌드의 주기도 2000년대 초반에는 하나의 아이템이 히트를 치면 그 인기와 사업지속성 주기가 5년은 되었지만 2010년대로 접어들면서 그 주기가 급속하게 짧아지고 있다. 고작 2년에서 3년을 넘기기가 쉽지 않은 것이 현실이다. 끊임없이 고객들의 호기심을 자극하는 새로운 아이템들이 나오기 때문이며 새로운 아이템이라고 해도 대부분 카피가 쉬워 진입장벽이 높지 않기 때문이다. 이런 현상으로 외식산업시장에서 사업 지속성의 주기는 앞으로 더 짧아질 것으로 예상된다.

-비즈니스 모델 프레임워크-

비즈니스 모델 프레임워크란?

비즈니스 모델에서 말하는 프레임워크는 비즈니스 모델을 어떻게 개발하고 실행하며 테스트하고 도입할 것인지를 말하는 'HOW'를 의미한다. 비즈니스에서 자주 쓰이는 프레임워크는 약 200개가 있으며,

✕ 프레임워크를 도입해야 하는 이유

프레임워크를 도입하면 어느 시스템을 구축하더라도 공통적으로 개발해야 하는 영역을 미리 만들어 비즈니스 모델의 개발기간을 단축한다. 비즈니스 모델 프레임워크는 과제의 본질에 접근하기 위한 해법을 제공한다.

✕ 프레임워크 도입의 기대효과

최소한의 구성항목을 파악할 수 있도록 단순화시킬 수 있으며, 비즈니스의 핵심과 비즈니스 모델 구축순서, 비즈니스 우선순위의 초점을 맞추는데 유용하다. 또한 비즈니스 모델의 구조와 흐름, 각 항목의 관계를 종합적으로 통합할 수 있다.

✕ 비즈니스 모델의 주요 프레임 워크

벨류체인(Value Chain)
스트래티직 포지셔닝 맵(Strategic Positioning Map)
스트래티지 캔버스(Strategy Canvas)
비즈니스 모델 캔버스(Business Model Canvas)

전략수립, 마케팅, 문제해결, 매니지먼트, 조직개발 프레임워크 등으로 나눌 수 있다.

벨류체인
(Value Chain)

벨류체인Value Chain-가치사슬은 기업이 최종 제품에 가치를 부가하는 기본 및 지원 활동을 식별한 다음 경쟁전략을 세우기 위해, 자신의 경쟁적 지위를 파악하고 이를 향상시킬 수 있는 지점을 찾기 위해 사용하는 프로세스이다. 1985년 마이클 포터M. Porter가 제시한 기업이 제품과 서비스를 생산하기 위해 실행하는 모든 내부 활동을 나타낸다.

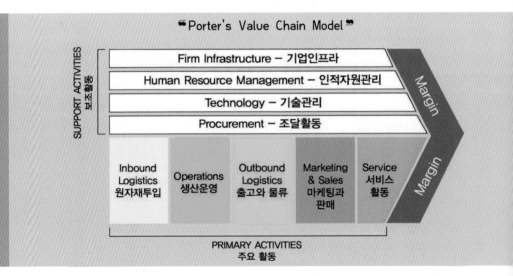

참고: Slidehunter.com

부가가치를 창출하기 위한 직간접적인 활동이나 기능, 프로세스 연계의 과정을 모델로서 정립한 이후 광범위하게 활용되고 있다.

1. 밸류체인의 활동요소

1.1 주요 활동(Primary Activities)

· **인바운드 물류**: 제품 또는 서비스의 원자재 수령, 저장 및 내부 유통과 관련된 모든 프로세스이다. 이 문제에 있어 가치 창출을 위해서는 공급자와의 관계가 필수적이다.

· **생산운영**: 제품 또는 서비스의 투입물을 반제품 또는 완제품으로 전환시키는 모든 활동생산 현장 또는 생산 라인이다. 운영 시스템은 가치 창출을 위한 지침원칙이다.

· **아웃 바운드 물류**: 고객에게 제품과 서비스를 제공하는 것과 관련된 모든 활동이다. 여기에는 예를 들어 저장, 분배시스템 및 운송이 포함된다.

· **마케팅과 판매**: 고객 관계 관리 및 생성을 포함하여 시장에 제품과 서비스를 투입하는 것과 관련된 모든 프로세스이다. 지침 원칙은 경쟁에서 차별화되고 고객에게 이점을 제공한다.

· **서비스 활동**: 서비스 및 제품 조달을 기반으로 관계가 형성되는 대로 고객에 대한 제품 또는 서비스의 가치를 유지하는 모든 활동이다. 설치, 교육, 유지 보수, 수리, 보증 및 A/S 서비스가 포함된다.

1.2 보조 활동(Support Activities)

· **기업 인프라**: 기업이 일상 작업을 유지할 수 있도록 지원하는 조직 내의 지원 활동과 관련된다. 조직의 구조와 관리, 계획, 회계, 법률, 재무 및 품질 관리를 의미한다.

· **인적 자원 관리**: 기업이 조직 내 핵심 요소인 인력개발지원 활동이 포함된다. 직원 모집, 직원 교육 및 지도, 직원 보상 및 유지 등이 있다.

- **기술 관리**: 기업의 내부 및 외부 조직의 제품 및 서비스 개발과 관련
된다. 기업의 지식 기반을 보호할 뿐만 아니라 정보를 관리하고 처리
하는 것과 관련이 있다. 연구 개발 단계, 신제품 개발 및 설계 방법,
공정 자동화 등을 포함하여 제품 개발 단계에서 기술이 전반적으로
사용될 수 있다.
- **조달활동**: 기업이 필요한 제품의 원료나 자원을 확보하기 위해 수행하
는 활동이다. 여기에는 공급업체와 최적의 가격을 협상하고 공급 업
체와 제품 구매 계약을 맺는 것들이 포함된다.

2. 밸류체인의 목적

최소한의 총 비용으로 최대한의 가치를 제공하여 산업의 경쟁우위 및
상품과 서비스의 차별화를 위한 기회파악을 목적으로 한다.

3. 밸류체인의 유형 사례

3.1 피자헛(Pizza Hut)

피자헛은 세계에서 널리 알려진 피자체인점 중 하나다. 각 나라마다
특색에 맞게 메뉴가 구성되어 있으며 샐러드, 파스타, 버팔로 윙, 마늘빵과
같은 메뉴와 함께 다양한 스타일의 피자를 제공한다. 피자헛은 미국에
6,000개가 넘는 매장이 있으며, 전 세계 94개 국가 및 지역에 5,600개 이
상의 매장이 있는 미국식 레스토랑 피자 체인이다.

피자헛의 마케팅 기본전략은 고객중심이다. 인도의 예를 들자면 파니
르Paneer-아시아 요리에 쓰이는 부드러운 치즈 및 탄두리 피자tandoori pizzas 등과 같은 인
도의 맛에 맞는 제품을 출시하여 판매한다. 고객 기반을 늘리고 만족시킬
수 있도록 쇠고기, 햄 등과 같이 인도에서는 허용되지 않는 제품은 사용하
지 않는다. 우리나라 한국의 경우처럼 직화 불고기피자가 있는 것과 같다.

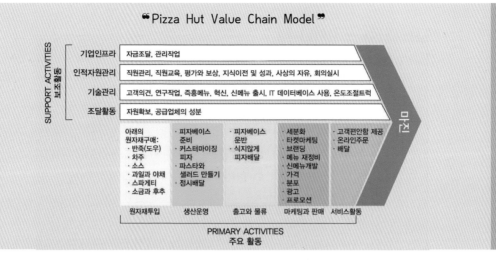

참고: Slideshare.net

새로운 제품 소개 및 적절한 프로모션, 할인 및 광고로 고객에게 새로운 것을 제공하고자 노력한다. 피자헛의 가격정책은 현지의 시장 수요와 경쟁사를 염두에 두고 유연하게 대처하며 대규모 고객층을 대상으로 많은 매장을 오픈하여 점점 더 많은 사람들이 그 상품을 즐길 수 있도록 한다. 신문, TV 광고, 인터넷 광고, 모바일 앱, 팜플렛 등을 통한 광고와 대학, 축제, 행사, 결혼, 파티 등에 간이매장이나 케이터링 서비스도 하고 있다. 기업이나 대학 및 단체는 할인서비스를 하며 고객이 자신이 원하는 토핑과 피자를 선택할 수 있도록 하고 있다. 고객이 온라인 주문을 할 수 있도록 서비스하고 있으며 전 세계 피자헛의 어디를 가더라도 맛의 통일성을 위해 기본적으로 필요한 재료의 자원 조달은 95%를 본사 공급망을 통하여 공급하고 있다.

스트래티직 포지셔닝 맵
(Strategic Positioning Map)

1997년 콘스탄티노스 마르키데스C. Markides의 스트
래티직 포지셔닝 맵Strategic Positioning Map-전략적 위치설정지도에서 기업은 시장을
개발하는 데 도움이 되는 위치설정 맵을 사용하여 자신의 제품이나 서비스
에 대한 포지셔닝 전략을 만들 수 있다. 모든 기업은 전략적 차원에서 3가
지 기본 쟁점을 결정해야 한다.

누가 고객이 될 것인지? 선택한 고객에게 제공해야 하는 제품 또는 서
비스는 무엇인지? 이러한 제품이나 서비스를 비용, 효율적으로 제공하려면
어떻게 해야 하는지?

Who-What-How 질문에 대한 대답은 모든 회사의 전략을 형성한다.

위치설정지도는 구매자의 인식을 기반으로 하므로 지각知覺 맵이라고도 한다.

전략적 위치설정지도는 기존의 경쟁사들의 제품과 서비스가 시장 어디에 위치하는지를 보여주기 때문에 기업은 제품이나 서비스를 어디에 배치할 것인지 결정할 수 있다. 즉, 기업이 원하는 위치에 제품과 서비스 포지셔닝이 가능하다. 기업은 시장에서 격차를 메우기 위해 제품을 배치하거나 경쟁 업체와 경쟁하기 위해 기존 제품을 배치할 수 있는 두 가지 옵션을 제공한다.

1. 스트래티직 포지셔닝 맵 그리기

이론적으로 스트래티직 포지셔닝 맵은 물건을 단순하게 유지하기 위해 보통 x 및 y축의 2라인을 갖기 위해 임의의 수의 라인을 가질 수 있다. x축은 왼쪽에서 오른쪽으로 가고 y축은 아래에서 위로 이동한다. 가격, 품질, 상태, 기능, 안전 및 신뢰성 등 모든 기준을 지도에 표시할 수 있다. 두 개의 선이 그려지고 기존 제품에 레이블이 지정되면 지도에 배치한다.

2. 스트래티직 포지셔닝 맵의 목적

스트래티직 포지셔닝 맵은 시장에서 기업이 새로운 브랜드를 배치할 수 있는 위치를 식별하는 데 도움이 될 수 있다. 이 예에서 중간 가격 및 중간 품질 위치에 있을 수 있다. 거기에는 기업과 소비자의 입장 차이에 대한 갭이 있다. 고가의 저품질에도 격차가 있지만 소비자는 저품질 제품에 많은 돈을 지불하고 싶지 않을 것이다. 마찬가지로 저렴한 가격의 고품질 쪽에 배치되려면 제조업체가 저렴한 가격으로 고품질의 제품을 만들거나 저렴한 가격에 고품질의 제품을 판매하여 수익을 창출해야 하는데 이것이 기업 입장에서는 어렵다. 그래서 왼쪽 상단과 오른쪽 하단이 비어 있다.

    기업은 스트래티직 포지셔닝 맵이 구매자의 인식에 기반을 두고 있음을 기억해야 한다. 이는 구매자가 양질의 제품으로 볼 수 있는 것은 다른 구매자가 양질의 제품으로 인식하지 못할 수도 있다는 것을 의미한다. 스트래티직 포지셔닝 맵은 기업이 고객들이 제품을 보는 방식을 이해하는 데 도움이 된다. 그러나 인식이 매우 주관적이기 때문에 기업은 스트래티직 포지셔닝 맵을 그리기 위해 사용하는 데이터가 정확한지 확인해야 한다. 고객인지 데이터가 잘못되면 지도가 잘못되어 스트래티직 포지셔닝 맵을 기반으로 한 마케팅 전략의 성공에 영향을 미친다. 스트래티직 포지셔닝 맵은 조직이 시장의 갭을 식별하는 데 도움이 될 수 있다. 시장의 격차를 메우기로 결정하기 전에 기업은 그 격차에 위치하는 제품에 대한 수요가 있을 것이라는 것을 보증할 필요가 있다.

3. 스트래티직 포지셔닝 맵의 유형사례

3.1 벨기에 초콜릿(Belgian Chocolate)

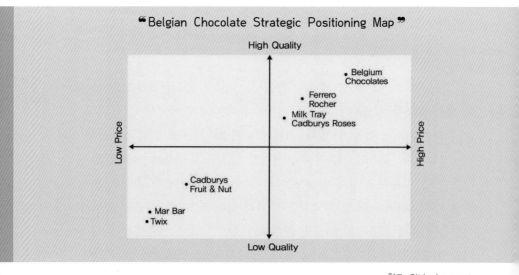

참고: Slideshare.net

72

이 다이어그램은 영국 초콜릿 과자 벨기에 초콜릿 브랜드의 지각 맵이다. 영국 초콜릿 과자 브랜드 스트래티직 포지셔닝 맵의 예에서는 가격과 품질의 두 가지 차원이 사용되었다. 우리나라의 초콜렛 과자 브랜드 기업이 영국의 초콜릿 시장을 계획한다면, 그 기업은 기존의 초콜릿 브랜드가 제조업체에 의해 어디에 배치되고 위치하였는지 확인할 수 있다. 벨기에 초콜릿이라는 벨기에의 초콜릿 브랜드는 높은 품질과 높은 가격으로 최상위 오른쪽 상단에 배치되는 반면, Twix는 초콜릿을 낮은 품질의 저렴한 가격에 저렴한 브랜드로 취급하므로 왼쪽 하단에 배치되었다.

스트래티지 캔버스
(Strategy Canvas)

2005년 인시아드INSEAD 경영대학원의 김위찬 교수와 르네 마보안 교수W. Chan Kim & Renee Mauborgne가 블루오션 전략Blue Ocean Strategy을 발표했다.

대부분의 전략기획은 많은 숫자와 전문용어로 가득찬 두껍고 이해하기 어려운 문서들을 포함하고 있다. 하지만 한 장의 그림을 그리는 프로세스를 구축하게 되면 훨씬 더 훌륭한 결과를 가져오기도 한다. 스트래티지 캔버스Strategy Canvas-전략캔버스는 이러한 이해하기 어려운 전략기획들을 하나의 그림에 그리고 표시하여 직관적이고 이해하기 쉽게 하여 문서보다 훨씬 더 좋은 결과를 가져온다.

1. 스트래티지 캔버스(Strategy Canvas)의 목적

스트래티지 캔버스Strategy Canvas는 경쟁이 없는 시장을 찾아내는 도구,

즉 블루오션 시장을 찾아내거나 경쟁자가 고객을 유치하는 방법 또는 고객이 자신의 카테고리에서 구매하는 제품이나 서비스를 선택하는 전략을 시각적으로 간단하게 보여주는 도구로 활용하도록 했다. 이렇게 하면 경쟁할 수 있는 다양한 요소를 선택하여 자신을 차별화 할 수 있다.

스트래티지 캔버스Strategy Canvas를 통해 레드오션 시장에 있는 기업이 어느 요소에 얼마만큼 투자하고 있는지 분석하여 도표로 그리는 것이다. 경쟁사들이 집중적으로 투자하는 영역을 피하고, 충분한 수요가 있는 새로운 영역을 발견하는 것을 시작으로 한다. 실제로, 상황은 그다지 간단하지 않지만, 예를 들어 모든 경쟁 업체가 가격 경쟁을 하는 경우 프리미엄 브랜드를 출시하여 가격 경쟁보다는 품질 경쟁을 할 수 있도록 시각화 하여 보여준다.

2. 스트래티지 캔버스(Strategy Canvas) 준비

스트래티지 캔버스를 준비하는 비교적 간단한 4단계가 있다.

2.1 경쟁사 식별

스트래티지 캔버스Strategy Canvas 그리기의 첫 번째 단계는 경쟁자가 누구인지 파악하는 것이다. 사실 이것은 모든 전략적 사고 프로세스에 필수적이다. 해당 기업의 성격에 따라 개별 경쟁 업체를 이름으로 식별하거나 소수의 반 동질적 그룹으로 쉽게 클러스터링Clustering: 유사성 등의 개념에 기초하여 데이터를 몇몇의 그룹으로 분류하는 수법의 총칭할 수 있다. 이미 시장에 나와 있다면 자신의 사업을 포함시키는 것을 잊지 않아야 한다.

경쟁 업체를 파악할 때 고객의 요구를 충족시킬 수 있는 대상은 누구인지? 고객의 관점에서 문제를 바라보는 것이 중요하다. 저렴한 가격의 단거리 항공 사업으로 유명한 사우스웨스트 항공이 스트래티지 캔버스Strategy Canvas 작업을 수행하지 않았다면 다른 항공사의 서비스 상황이나 대부분의 고객이 비행기와 더불어 다른 운송 수단을 통하여 여행, 이동하고 있다는 것을 깨닫지 못했을 것이다. 이러한 광범위한 견해를 취하지 않았다면 성공적인 전략을 이끌어 낼 수 있는 통찰력을 얻지 못했을 것이다.

2.2 경쟁 요인 파악

두 번째 단계는 고객이 제공하는 제품 또는 서비스를 선택할 때 고객이 중요하게 생각하는 요소를 식별하는 것이다. 사우스웨스트와 같은 항공사들을 예로 든다면, 가격, 식사, 라운지, 좌석 선택과 관련된 내용 등이 포함된다.

이를 수행하는 가장 간단한 방법은 실제로 고객이 있는 현장에 나가서 대상 고객과 이야기하는 것이다. 그러나 채택할 수 있는 많은 연구 방법이 있다. 제품과 서비스를 이미 구매한 사람들, 경쟁자로부터 제품과 서비스를 구입한 사람들, 그리고 제품과 서비스를 아직 구매하지는 않은 사람들. 나중에 전략이 성공하기 위해서는 특히 제품과 서비스를 아직 구매하지는 않은 이런 사람들과 이야기하는 것이 중요하다. 사람들이 원하는 것을 항상 알지 못한다는 사실을 잊지 말아야 한다. 그래서 기업들은 정보를 알아내기 위해 조금 창의적인 접근 방법을 취할 필요가 있다.

2.3 경쟁 평가

세 번째 단계는 실제 차트를 그리는 것이다. 각 경쟁자와 경쟁자 유형에 대한 선을 그려서 고객이 가치 있게 생각하는 요소를 각각에 대해 얼마나 잘 수행하는지 파악한다.

몇 개의 팀으로 구성하여 다른 팀과 1단계부터 3단계를 수행하도록 한다. 다른 팀이 선택하는 경쟁자의 중요하다고 생각하는 요소 및 경쟁률을 평가하는 방법에 대한 사람들의 스트래티지 캔버스Strategy Canvas의 모습을 확인하는 것이다. 전략이 어떤 기준이냐에 따라 준비된 캔버스는 크게 다를 수 있으며, 관리가 잘되면 계속되는 논쟁은 가치 있는 팀 구축과 전략적인 운동이 될 수 있다.

그러나 보다 정확하고 객관적인 그림을 얻으려면 고객에게 직접 이야기하거나 다양한 조사 기술을 사용하여 고객에게 직접 물어볼 수도 있다.

2.4 경쟁 차별화 차트 작성

이제 새로운 전략을 Canvas에 매핑할 준비가 되었을 것이다. 경쟁 우위의 고유한 차이점은 경쟁적 차별이다.

상업적 목표를 유지하기 위해서는 충분한 수의 대상 고객이 매력적일 수 있는 조합을 선택해야 한다.

정말 유용한 스트래티지 캔버스Strategy Canvas를 그리는 기술이 있지만 약간의 연습을 통해 실제로 통찰력 있는 다이어그램을 그리는 법을 배울 수 있다. 그렇게 하면 간단하지만 강력한 전략적 아이디어를 전달할 수 있는 훌륭한 도구가 된다.

3. 스트래티지 캔버스(Strategy Canvas) 그리기

가로축X축은 경쟁요소Factors of competition를, 세로축Y축은 동종업 및 대체서비스 제공자들의 경쟁요소들에 대한 투자정도Offerings를 나타낸다. 상대적으로 낮은 위치Position는 해당 경쟁요소에 대한 회사의 투자가 적음을 의미한다.

즉, 서비스 또는 제품의 속성을 가로축으로 하고 품질 또는 서비스의 정도를 높고 낮음에 따라 세로축으로 설정하여 기업의 전략을 하나의 꺾은 선 그래프 형태로 나타나도록 한다. 이러한 도구를 통해 다른 기업의 전략과 차별화되는 전략을 도출할 수 있도록 한 것이 스트래티지 캔버스Strategy Canvas다.

4. 스트래티지 캔버스(Strategy Canvas)의 예

4.1 사우스웨스트에어라인(Southwest Airlines)

아래 다이어그램은 단거리 항공산업을 위해 만든 사우스웨스트 에어라인Southwest Airlines의 "Blue Ocean Strategy"의 분석을 기반으로 한 스트래티지 캔버스이다. 사우스웨스트에어라인은 꼭 필요한 요소만 있는 친절한 서비스와 사우스웨스트는 저렴한 비용으로 항공 여행을 선호하는 고객 기반을 활용했다. 예컨데, 사우스웨스트에어라인의 프로파일을 보면, 단지 3가지 요소만을 강조하고 있음을 동시에 볼 수 있다.

'친절한 서비스, 속도, 잦은 운행횟수잇따른 출발' 여기에 집중함으로써 사우스웨스트항공사는 택시운송사업에 비견할 만한 경쟁력을 가지게 되었다.

Southwest Airlines 슬로건

The speed of the plane at the price of the car? whenever you need it.
자동차 이용비용으로 비행기의 속도를? 당신이 필요로 할 때면 언제나.

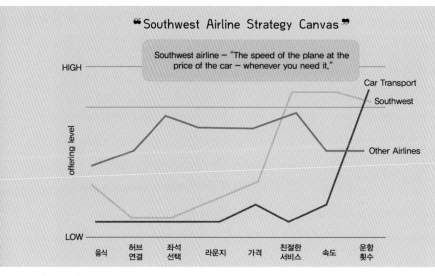

참고: Slideshare.net

사우스웨스트에어라인Southwest Airlines은 기내식사, 라운지, 좌석선택에 투자를 하지 않는다. 반면, 사우스웨스트항공사의 오랜 경쟁자들은 항공산업의 경쟁요소 모든 부분에 투자를 하고 있으며, 그것은 오히려 사우스웨스트항공사와의 가격경쟁을 더욱 어렵게 한다.

사우스웨스트에어라인Southwest Airlines은 다른 항공사와 경쟁하는 대신, 자동차 운송수단의 대안으로 자리 매김하고 저렴한 가격, 체크인 시간 개선 및 비행 횟수를 증가 시켰다. 이런 새로운 대안 제시와 조합은 자동차 여행의 유연성과 결합하여 자동차 운송수단을 이용하는 비용으로 비행기를 이용할 수 있는 저렴한 가격에 비행기의 높은 이동 속도의 혜택을 고객에게 제공함으로써 블루오션 시장을 파악하여 제대로 공략한 성공적인 사례이다.

4.2 태양의 서커스(Cirque du Soleil)

태양의 서커스에 대한 스트래터지 캔버스Strategy Canvas의 예를 보자. 태양의 서커스는 세계를 폭풍 속에 몰아 넣었다. 사양산업인 서커스 산업시장에서 새로운 블루오션 시장을 만들어낸 성공적인 비즈니스 모델의 대표적 사례이다. 태양의 서커스Cirque du Soleil의 작품은 전 세계 300개 도시에서 1억 5천만 명 이상의 관중이 관람했다. 태양의 서커스는 창립 이래 20년 만에 서커스 산업의 글로벌 챔피언인 링링 브로스Ringling Bros와 Barnum와 바넘 앤 베일리Barnum & Bailey가 100년 이상 달성한 수준으로 매출을 올렸다. 2013년 기준 매출액은 10억불, 우리나라 돈으로 약 1조 2천억 원이다.

태양의 서커스는 구조적으로 매력없는 서커스 산업에 매우 성공적으로 진입했다. 경쟁방식에서 기존의 서커스 공연방식 의문을 제기하며 새로운 방식으로 도전함으로써 업계를 재창조하고 새로운 시장 공간을 창출했다. 그것은 극장, 브로드웨이 쇼 및 오페라와 같은 다른 산업의 특유한 강점을 서커스에 도입하여 구매자 그룹을 어린이전통 서커스의 최종 사용자에서 성인전통적인 서커스 구매자으로 이동시킴으로써 혁신을 이루어 냈다. 태양의 서커스는 서커스 구경을 하지 않는 고객들에게도 주목했다. 그 고객들이 미국 뉴욕 브로드웨이에서 엔터테이먼트 공연인 연극과 뮤지컬, 발레 공연을 기꺼이 비싼 금액을 지불하면서도 즐기는 것을 알게 되었다. 이런 새로운 고객들이 원하는 가치를 담기 위해 테마와 스토리 등 연극적 요소와 예술적인 요소인 음악, 춤과 더불어 뮤지컬적 요소를 만들었다. 사양 산업이던 서커스를 브로드웨이의 뮤지컬과 오페라처럼 환상적인 종합예술로 재탄생 시켰다. 그리고 높은 지출을 차지하고 있었던 스타 곡예사와 동물보호협회에서 문제를 제기하는 동물들을 없애며 문제점을 제거하고 높은 비용지출 원인을 해결하였다.

태양의 서커스는 서커스를 완전히 새롭게 정의해 성공했다. 공중그네 묘기, 곡예, 어릿광대 등이 있지만 인간적인 요소와 예술적인 요소를 강조하고 환상적인 의상과 독특한 음악, 조명 등 환상적인 무대 효과를 연출하여 관객들을 환상의 세계로 몰아넣었다. 태양의 서커스는 보다 성숙하고 높은 소비 고객에게 완전히 새로운 유틸리티를 제공하였고 '아트 서커스'라는 비즈니스 모델을 만들어 내었다. 존폐위기에 있는 우리나라 동춘서커스

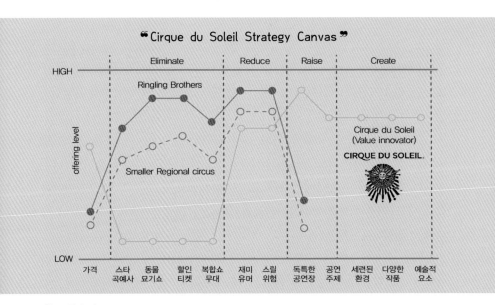

참고: Slideshare.net

Eliminate 버리기, 제거하기	업계에서 당연한 것으로 받아들이는 요소들 가운데 제거할 요소는 무엇인가?
Reduce 줄이기	비용 구조를 낮출 수 있는 방법은 무엇인가? 업계에서 표준 이하로 내려야 할 요소는 무엇인가?
Raise 올리기	구매자의 가치를 향상시키고 새로운 수요를 창출하는 방법은 무엇인가? 업계에서 표준 이상으로 올려야 할 요소는 무엇인가?
Create 창조하기, 창출하기	업계가 아직 한 번도 제공하지 못한 것 중 창조해야 할 요소는 무엇인가?

그림, 표: 태양의 서커스 스트래티지 캔버스

단은 매년정부지원금 1억원을 받고 있으며 7억원 정도의 매출만을 올리며, 명맥만 유지하고 있는 실정이다.

4.3 예술과 공연문화를 접목해볼 만한 외식음료 분야

외식산업 분야에서 예술과 공연문화를 접목해보면 좋을만한 업종에는 무엇이 있을까? 그 중 하나는 칵테일을 만들며 퍼포먼스를 선보이는 플래어 바텐더 시장을 하나로 꼽을 수 있다.

1990년대 중반부터 2000년대 초반까지 고객의 인기와 매출성장을 구가했던 업종이었다. 플래어 바텐더가 인기를 끌면서 매스컴에서 전망있는 전문직업으로 소개되었다.

대부분의 모든 분야에서 '어떤 직업이 인기 있더라', '어떤 업종이 유행이더라' 하면 너도 나도 해보겠다 뛰어들고 여기저기 우후죽순 생겨나는 일들이 발생하듯이 플래어 바텐더도 그런 유행과 인기에 힘입어 한편에서 너도 나도 퍼포먼스 기술만을 익힌 바텐더들이 지식과 실력없이 플래어 바텐더 시장에 뛰어들면서 바Bar와 바텐더에 대한 질적인 요소가 떨어졌다. 퍼포먼스 기술은 발전했지만 20여 년 전과 차별화 되지 않은 이벤트와 영업방식으로 바Bar트렌드의 변화와 함께 외식산업 시장에서 하향업종으로

출처: barproducts.com

밀려난 지 오래다. 비보이 문화를 예술로 끌어올린 것도 발레와 함께 예술을 입혀 예술 공연시장으로 들어가는 과정이 있었고, 난타 역시 음악이라는 예술적 감성을 입혀 대중에게 공연예술로 자리매김 하였다.

뛰어난 기술과 실력을 이용해 단순한 전문 직업영역에서 그칠 게 아니라 한 단계 넘어설 수 있는 예술과 엔터테인먼트적인 요소를 융합해볼 필요가 있겠다. 그렇다고 단순하게 예술적인 요소만을 입힌다고 되는 문제가 아니며 해결하고 풀어야 할 현실적인 여러 난제들이 있다. 다른 분야와 융합의 관점으로 새로운 시장을 만들어 낼 수 있는 비즈니스 모델을 고민해 보아도 괜찮은 분야일 것이다.

비즈니스 모델 캔버스
(Business Model Canvas)

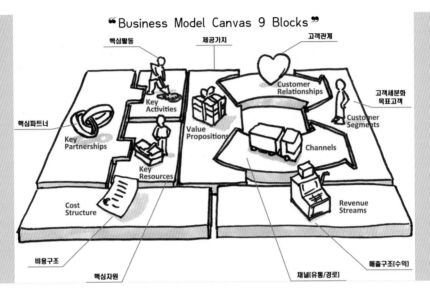

그림 인용: makeapowerfulpoint.wordpress.com

비즈니스 모델 캔버스Business Model Canvas는 2010년 알렉산더 오스터왈더와 이브피뉴어A.Osterwalder & Yves Pigneur가 출판한 비즈니스 모델의 탄생Business Model Generation에서 주창한 것으로 기업이나 조직이 가치를 창출하고 전달, 획득하는 통합적인 시스템을 9개의 구성요소로 이루어진 캔버스로 분석하고 설명하며 도출하는 모델로 많은 사람들이 알고 있기도하다.

9가지 구성요소로는 Customer Segments고객 세분화, Value Propositions제공가치, Channels채널/마케팅/유통경로, Customer Relationships고객 관계, Revenue Streams매출구조/수익, Key Resources핵심 자원, Key Activities핵심 활동, Key Partnerships핵심

파트너, Cost Structure비용 구조이다.

비즈니스 모델의 탄생은Business Model Generation 책이 전달하고자 하는 취지에 맞게 소셜 라이팅으로 쓰여졌고 제작도 소셜펀딩으로 하는 등 새로운 비즈니스 모델 개발과 구축 방법을 이론으로만 설명하는 것으로 그치지 않고 책 집필 과정과 완성을 비즈니스 모델로 접근하여 출판한 책으로 더욱 의미가 있다.

비즈니스 모델 캔버스는 새로운 비즈니스 모델 개발뿐만이 아니라 각 구성요소에 대한 Strength강점, Weakness약점, Opportunities기회, Threats위협의 4가지 요인별로 분석하여 전략을 세우는 방법의 SWOT분석과 Eliminate버리기, Reduce줄이기, Raise올리기, Create창출하기 4가지 개념, 즉 현재의 시점에서 완전히 제거해야 할 요소와 과감히 줄여야 할 요소, 그리고 지금보다 더 증가시켜야 할 요소와 새로이 창조해야 할 요소를 찾아내는 것이 핵심인 ERRC를 바탕으로 기존의 비즈니스 모델을 평가하고 개선하며 혁신하는 목적으로 사용되고 활용된다.

비즈니스 모델 캔버스의 9가지 구성요소

1. 고객세그먼트(Customer Segments)

고객세그먼트Customer Segments는 서로 다른 유형의 사람들이나 조직 중에서 선정한 하나 또는 복수의 목표고객을 의미한다. 고객 기반을 나이, 성별, 관심사 및 지출 습관과 같은 마케팅과 관련된 특정 방식으로 유사한 개인 그룹으로 나누는 것을 의미하며 소비자 세분화 또는 고객 세분화라고도 하며 충족되지 않은 고객 요구를 식별하는 강력한 수단이 될 수 있다.

기업은 고객 세분화를 통하여 신제품 개발 노력에 우선 순위를 부여하거나 맞춤형 마케팅 프로그램 개발, 특정 제품 기능 선택, 적절한 서비스 옵션 수립, 최적의 배포 전략 설계, 적절한 제품 가격 결정 등을 수행한다.

어떤 고객이냐에 따라 요구하는 상품, 서비스가 서로 다르다. 이런 상이한 상품과 서비스에 대가를 지불할 의사가 있고 마케팅 채널과 고객관계 · 수익성이 상이하다.

고객 세분화Customer Segments는 고객을 목표로 할 수 있는 그룹으로 구분하는 주요 차별화 요소를 식별하는 데 사용된다. 인구 통계나이, 인종, 종교, 성별, 가족 크기, 인종, 소득, 교육 수준, 지리들이 사는 직장, 심리사회 계층, 라이프 스타일과 성격 특성과 행동지출, 소비, 사용 및 원하는 이익 경향은 고객 세분화를 결정할 때 주요한 요소로 고려된다.

1.1 고객세그먼트(Customer Segments)의 유형

■ 매스마켓(Mass Market)

대량 판매에 의해서 대량 소비가 행하여지는 것에 따라 성립되는 시장을 말한다.

■ 세분시장(Market Segment)

소비자들은 각각 다른 욕구, 특징, 행동을 나타낸다. 이러한 소비자들의 특성에 따라 분류하는 과정을 시장세분화라 하며 모든 시장은 여러 세분시장으로 구성되어 있다. 결국 세분시장細分市場이란 주어진 마케팅에 대해서 유사한 반응을 보이는 소비자들로 구성되어 있는 시장을 의미한다.

■ 니치마켓(Niche Market)

니치Niche는 틈새란 뜻으로, 틈새시장을 말한다. 수요가 비어있는 시장을 말하며 치밀한 시장 조사 후에 경영자원을 집중적으로 투입하여야 하는 시장이다. 이 시장에 진입하는 전략을 니치 전략niche strategy이라고 하며, 이 시장을 개척하는 기업가를 니처nicher라고 한다.

■ 다각화 시장과 멀티사이드 마켓

B2B · B2C, 직접 · 간접고객과 비고객, 그리고 아마존과 같은 B2C & B2B 두 집단이 공존하는 다각화 시장과 메트로와 이베이 같은 멀티사이드 마켓이 있다.

1.2 고객세그먼트(Customer Segments) 유형의 사례

■ 아마존(Amazon)

다각화 시장 유형의 대표적인 사례로 집단이 하나가 아니라 파는 집단과 사는 집단인 두 개 집단으로 공존한다. 아마존은 파는 집단과 사는 집단에게 서로 물건을 사고 팔 수 있도록 온라인상에서 장소만 제공하고 두 집단 간의 거래에 대해서 아무런 영향력을 발휘하거나 간섭을 하지 않는 시스템으로 B2B · B2C 온라인 마켓플레이스의 대표적인 사례이다.

출처: businesspundit.com

■ 노보 노디스크(Novo Nordisk)

노보 노디스크Novo Nordisk는 1923년과 1925년에 각각 설립된 노디스크 인슐린 연구소Nordisk Insulin laboratorium와 노보치료연구소Novo Terapeutisk Laboratorium 라는 2개의 작은 덴마크 회사로부터 시작되었다. 두 회사는 2명의 캐나다인 과학자가 발견한 혁신적인 신약인 인슐린을 생산하기 시작했다.

초창기 때부터 노디스크와 노보 두 회사는 당뇨병 환자들에게 도움이 되는 제품 개발에 초점을 맞추어 왔다. 서로 치열한 경쟁을 벌이면서 두 회사는 업계 최고로 발전해 나갔다. 1989년, 두 회사는 합병을 결정하면서 노보 노디스크Novo Nordisk가 탄생하게 되었다. 이후 회사는 당뇨병 치료 분야를 비롯하여 혈우병 치료, 성장호르몬 요법 및 호르몬 대체 요법 분야에서 앞서 나가면서 빠르게 성장해왔다.

노보 노디스크는 인슐린 제품의 혁신과 올드한 기존의 비즈니스 모델을 새롭게 재편하여 성공을 거두었다. 노보 노디스크의 비즈니스 모델 혁

❝ 휴대하기 편한 예쁜 디자인의 인슐린주사 ❞

출처: healthline.com

신은 단순히 제품개발에만 있는 것이 아니고 노보 노디스크라는 제약기업이 고객을 위해 어떻게 가치를 제공하고 고객을 사로잡고 있는지 보여준다. 기존의 당뇨병 환자들이 인슐린을 주사할 때 일회용 일반주사기를 통하여 인슐린을 주입하다 보니 마약을 주사하는 것과 같은 사람들의 좋지 않은 시선에서 자유롭지 못했고 휴대의 불편함을 가지고 있었다. 이런 단점들을 보완해 일반적인 펜처럼 휴대가 간편하고 디자인도 예쁜 인슐린펜 제품을 개발하여 성공을 거두었다.

2012년 1월, 노보 노디스크는 비즈니스 매거진에 의해 세계에서 가장 지속가능한 기업으로 선정되었다.

■ 캘러웨이 빅버사 드라이버(Callaway Big Bertha)

골프채 캘러웨이의 빅버사 드라이버는 비고객을 고객으로 바꾼 사례를 잘 보여준다. 대부분의 골프용품 회사들의 고민은 골프를 치고 있는 고객들에게 어떻게 하면 자사의 제품을 알리고 판매할지를 고민한다. 하지만 캘러웨이는 다른 회사들이 골프를 치고 있는 고객을 대상으로 한 제품을 개발하고 경쟁할 때 골프를 치지 않는 고객들은 왜 골프를 치지 않는지에 주목했다. 그리고 얻은 결론은 골프를 치지 않는 고객들은 공을 맞추는 것이 쉽지 않아 골프가 어렵다는 인식이 있어 골프를 치지 않는다는 결론에 도달했다. 그래서 드라이버헤드를 크게 하고 정확성과 히트 거리를 늘려 골프를 치지 않는 잠재적 고객들(비고객)에게 골프를 보다 쉽게 접근할 수 있도록 한 빅버사 드라이버를 출시하여 크게 히트 시켰다. 캘러웨이가 드라이버 시장에서 선두가 된 계기가 1991년에 이 빅버사(Big Bertha)를 출시하면서부터다. 빅버사(Big Bertha)는 1차 세계대전에서 파리를 공포로 몰아넣었던 명중률과 사거리가 탁월했던 419mm 독일군의 초대형 곡사포에서 이름을 따왔다. 이름에서부터 임팩트 있게 이 드라이버의 장점이 무엇인지 보여준다. 1991년 첫 출시 이후 헤드 크기를 점점 키워 갔으며 4년 뒤 1995년에는 빅버사에 '그레이트'를 붙여 헤드 크기를 더 키운 그레이트 빅버사(GBB)를 출시하였다. 이를 계기로 전체 드라이버 시장뿐만이 아니라 골프시장에도 커다란 질적인 변화를 가져왔다. 헤드 크기가 250cc로 기존 제품보다 25%나 더 키웠고 소재도 스테인레스 스틸에서 티타늄으로 바꾸면서 전체 무게는 10%가량 더 줄였다. 그리고 개당 출시 가격이 500달러나 되는 비싼 가격이었지만 사람들의 인기에 힘입어 엄청나게 팔려나갔다. 이듬해 캘러웨이 매출은 7억 달러약 7731억 원에 육박했으며 이는 이전 5년 동안 발생한 매출의 10배에 해당하는 매출이었다. 거리와 정확도에서 탁월했던 빅버사 시리즈는 골프를 치던 기존 고객에게도 크게 인기를 끌었다. 빅버사! 이름을 기가 막히게 지었다.

출처: rockbottomgolf.com, carlsgolfland.com

2. 가치제안(Value Propositions)

가치제안Value Propositions은 기업이 고객에게 특정 제품이나 서비스를 제공할 때 고객이 얻게 되는 이점이나 혜택을 명확하게 나타내는 것을 말한다.

가치제안Value Propositions의 유형에는 기능적 가치와 사회적 가치, 맞춤형 가치가 있다.

기능적 가치는 고성능, 편리성, 저가격, 접근성, 비용절감, 업무지원 등을 말하며 사회적 가치는 디자인, 브랜드, 패션과 같은 감성적 가치와 사회공헌, 시대부응을 말한다. 그리고 대량맞춤, 개별맞춤 등 커스터마이징과 큐레이션에 의한 맞춤형 가치가 있다.

하버드대 교수 테드 레빗Ted Levit은 무엇을 파는가? 하는 기업관점에서의 마케팅 근시안을 극복하기 위해 왜 사는가? 하는 고객관점에서의 인식이 필요하다고 주창하였다. 제품개발도 중요하지만 고객에 초점을 맞추는 마케팅이 중요하며 우선 시 해야 한다는 것이다.

2.1 가치제안(Value Propositions) 유형의 사례

■ 할리데이비슨(Harley-Davidson)

할리데이비슨은 세계에서 가장 유명한 모터사이클 제조업체 중 하나다. 1903년 미국의 모터사이클 제작자인 윌리엄 할리William Harley와 아서 데

출처: harley-davidson.com

이비슨Arthur Davidson, 이 두 사람이 자신들의 이름을 따서 처음으로 제작하였다. 1907년 두 사람은 이 모터사이클 이름을 회사명으로 내걸고 법인으로 전환한 이래, 전 세계의 대형 고급 모터사이클의 대명사이자 미국의 강력한 파워를 상징하는 브랜드로 자리 잡았다. 이러한 할리데이비슨도 파산 위기에까지 내몰린 적이 있다.

1969년 AMFAmerican Machine and Foundry가 회사를 인수하고 생산을 간소화하면서 인력을 삭감했다. 이런 전략은 노동파업과 낮은 품질의 모터사이클이 생산되는 문제를 가져왔고 1980년대 초, 미국시장 내 일본 오토바이 제조업체들의 고품질 저가 모터사이클 전략으로 인하여 일본 모터사이클보다 품질이 떨어지고 비쌌던 할리데이비슨은 소비자들에게 외면 받고 판매량이 감소하면서 파산 위기에 내몰렸다. 1981년 파산 직전의 할리데이비슨을 본 빌스Vaughn Beals와 할리데이비슨 창립자 중 1명인 아서 데이비슨Arthur Davidson의 손자 윌리 G. 데이비슨Willie G. Davidson이 이끄는 13명의 투자자그룹이 AMFAmerican Machine and Foundry로부터 8천만 달러에 인수하며 새로운 전환점을 맞게 된다.

새로운 경영진이 주요 구조조정계획을 수립했으며, 새로운 비즈니스 모델과 성장계획 덕분에 할리데이비슨은 20년 연속 수익을 거두는 실적을 기록했다.

할리데이비슨 커스터마이징 튜닝에는 수십 가지 요소가 있었으며 그 전환점에 관한 수많은 책과 사례 연구가 기록되었다. 그러나 할리데이비슨 전략의 중심에는 회사 운영에 대한 고객 중심의 접근 방식이 있었다.

13명의 투자자그룹이 AMF로부터 할리데이비슨을 인수했을 당시 새로운 경영진은 모터사이클을 사용하는 고객들에 대한 정보가 없었다. 할리데이비슨의 새로운 경영진은 고객이 좋아하는 점이나 좋아하지 않는 점을 논의하기 위해 고객에게 다가가기로 결정을 내렸다.

할리데이비슨의 직원들은 모터사이클 모임에 참석하여 고객과 일대일 미팅을 통해 할리데이비슨을 소유했던 경험이 왜 부정적인지 알아내고자 노력했다. 할리데이비슨은 정보가 없기 때문에 필사적이었다. 모터사이클 모임에도 참석하였다. 모터사이클 모임에 참석한 직원들은 할리데이비슨을 구매하고 불만족스러웠던 고객들로부터 다소 심한 얘기와 더불어 무시당하는 일도 겪었다. 사람들의 얘기가 브랜드에 대한 부정적인 감정이나 고정관념과 관련된 얘기라 할지라도 할리데이비슨은 고객들의 그런 메시지에 귀기울였다. 할리데이비슨의 이러한 노력에 많은 사람들이 자원하여 쓴 소리와 함께 유용한 피드백을 주었다.

그들은 고객들의 피드백을 토대로 새로운 모터사이클을 만들었다. 복고적인 모양과 느낌을 채택한 모터사이클을 만들어 그 시대의 모터사이클 소유자들에게 향수를 불러일으키고 새로운 고객들에게는 커스터마이징 시스템을 제공하였다. 말타는 듯한 느낌을 주기 위하여 오랜 고민과 연구 끝에 독특한 소리와 진동을 개발하였다. 이런 노력의 결과로 할리데이비슨 Harley Davidson은 산업 미디어 표지를 다시 한 번 장식하였고 비로소 고객들이 관심을 기울이기 시작했다. 하지만 할리데이비슨의 명성이 그 동안 워낙 좋지 않았기 때문에 판매로 이어지지는 않았다. 할리데이비슨은 업계 고객에게 고객의 피드백을 진지하게 받아들이고 있다는 것을 입증해야 했다. 할리데이비슨의 직원들이 무시당하고 쓴 소리를 들었던 그 모터사이클 모임에 오토바이 운전 면허증을 발급 받아 새 모터사이클을 가지고 참석하여 테스트하며 지속적으로 고객의 피드백을 얻었다.

또한 모터사이클의 장인정신 대신 고객의 열정에 초점을 맞추면서 마케팅 방식을 변경했고 결과는 놀라웠다. 판매가 즉각적으로 나타났으며 1985년 이후 15년간 연평균 17%의 순익증가율을 보여 2000년에는 세계 모터사이클 시장의 1·2위를 점하고 있는 일본의 혼다와 야마하를 젖히고 1위에 올랐다. 2001년 할리데이비슨은 올해의 브랜드가 되었으며 수요 증가 역시 계속되고 있는 추세이다.

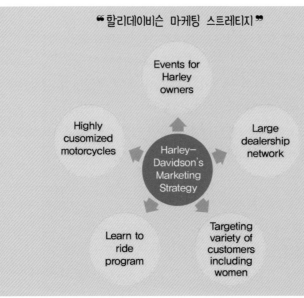

출처: marketrealist.com

- 커스터마이제이션(Customization): 할리데이비슨은 모터사이클의 색상, 바퀴, 좌석, 랙 및 등받이, 바람막이, 배출구 및 배기량까지 고객이 원하는 대로 자유롭게 맞춤 주문할 수 있도록 하였다. 할리데이비슨 에서 맞춤주문제작을 제공하는 건 쉽지 않은 것이었지만 고객이 원하는 것을 실행하였다. 브레이크, 전기부품, 바퀴와 같은 많은 부품을 외국 제조업체로부터 아웃소싱 하여 품질이 향상되고 기술적인 개선이 이루어지면서 구매자가 천천히 돌아 왔다.

- 대형 대리점 네트워크(Large dealership network): 현재 할리데이비슨은 전 세계적으로 약 1,435개의 대리점을 두고 있다. 이 대리점의 대부분은 미국, 유럽 및 캐나다에 있다. 최근에는 아시아 태평양 시장에서도 대리점을 확대하는 데 주력하고 있다.

- '타는 법 배우기' 프로그램('Learn to Ride' program): 할리데이비슨은 할리데이비슨 라이딩 아카데미Harley-Davidson Riding Academy의 도움을 받아

타는 법을 배우는 런 투 라이드Learn to Ride 프로그램을 운영한다. 이 프로그램에서는 새로운 할리 라이더에게 다양한 코스가 제공된다. 이 코스는 할리데이비슨 대리점에서 할리데이비슨 자격증을 소지한 코치들로부터 전문 지도를 제공받는다. 고객은 Harley−Davidson Jump start 프로그램에 등록할 수도 있다. 이 프로그램에서는 특수 설계된 고정식 서포트 스탠드에서 실제 할리데이비슨 오토바이를 타 볼 수 있다.

· **다양한 고객 타기팅(Targeting a variety of customers)**: 회사의 핵심 고객 은 35세 이상의 남성들이다. 할리 모터사이클을 타는 경험을 향상시 키기 위해 회사는 고객에게 다양한 장비와 의류를 제공한다. 또한, 회사는 젊은 성인과 여성을 포함한 아웃리치Outreach 고객과의 연계를 위해 노력하고 있다. 이러한 이유로 할리데이비슨 브랜드 웹 사이트 를 통해 여성을 위해 특별히 고안된 브랜드 장비와 의류도 판매한다.

* 아웃리치(Outreach): 종교적 관점에서는 선교를 겸한 봉사활동이나 전도여행을 말 하고, 일반적으로는 어떤 한 분야를 널리 알리면서 봉사활동하는 것을 말한다.

· **할리 소유자를 위한 이벤트(Events for Harley owners)**: 할리데이비슨은 할리오너그룹Harley Owners Group 호그HOG라고 불리는 할리 모터사이클 애호가들을 위한 체계적인 그룹을 가지고 있다. 할리 라이더의 정신 을 유지하기 위해 HOG 회원들을 위한 다양한 행사를 주최한다. 세 계 50개국 64만여 명이 가입한 것으로 추산된다.

할리데이비슨은 할레이오너그룹HOG을 만들어 중산층의 중장년층에게 삶의 활력을 주었다. 또한 튜닝부품, 액세서리 등을 지원하여 자유와 개성 의 가치를 구현하였다. 운영 및 판매에만 집중하기보다 고객과 함께 브랜 드 커뮤니티라는 공동체 의식을 형성하는 데 중점을 두고 컬트마케팅Cult Marketing을 통하여 고객들 스스로 브랜드에 헌신하는 컬트고객을 꾸준히 창조하고 있다. 고객이 특정 회사 또는 제품Harley-Davidson, Apple, Starbucks 등을 좋아하는 것으로 연결되어 있는 브랜드 커뮤니티는 고객 충성도를 강화하고 마케팅 비용을 줄이며 새로운 아이디어 및 혁신의 원천이 될 수 있다.

무엇보다 할리데이비슨의 비즈니스 모델에서 배울 수 있는 한 가지 교훈은 고객이 제공하는 피드백이 얼마나 중요한가이다. 때로는 고객이 무례하게 얘기하더라도 고객 세그먼트에 상품이나 서비스를 판매하는 이상 반드시 알아야 한다. 할리데이비슨Harley Davidson이 고객의 소리를 듣기 시작한 순간 고객이 할리데이비슨을 주목하기 시작했다는 것이다.

■ CJ 미네워터

출처: insight.ottomonitor.com

우리나라의 CJ가 프리미엄 워터인 미네워터를 런칭하고 판매를 시작했을 때 프리미엄 워터 시장은 다른 해외 프리미엄 제품들이 소비자들에게 인식되어 있었다. 미네워터는 프리미엄 워터시장 진입에 어려움을 겪고 있었다. 심지어 가격적인 측면에서도 프리미엄 워터가 아닌, 어정쩡한 포지셔닝을 취하고 있었고 CJ는 이를 타개할 방법이 필요했다. 대외적으로는 아프리카의 식수원 부족과 오염된 물로 인하여 매일 6,000여 명의 아이들이 사망하고 있는 문제를 해결하는 동시에 자사의 물 소비량을 늘릴 방법이 필요했다.

주 타깃층을 가격에 민감하지 않으며 건강과 미용을 생각하는 20대 중후반 여성 및 30대의 젊은 주부들, 특히 마케팅 트렌드와 사회공유가치창출, 사회적 공헌에 관심이 많은 여성으로 설정하였다. 단순히 예쁘고 비싼 물에서 벗어나 Good Water - 착한 물로써 차별을 두고자 하였다. CJ의 미네워터는 3월 22일 '세계 물의 날'을 기준으로 전 세계적으로 심각해지는 물 부족과 수질 오염을 방지하고 특히나 심각한 물 부족을 겪고 있는 아프리카 아이들에게 물을 공급해주기 위해 이미 포화 상태에 다다른 물 산업에서 CJ는 아프리카 아이들에게 물을 공급해 줄 수 있다는 테마 아래에 '착한 소비'를 바탕으로 한 바코드롭Barcodrop캠페인을 실시하여 수많은 경쟁 기업들 사이에서 차별성을 더할 수 있었다. 바코드롭Barcodrop은 바코드Barcode와 물방울이라는 뜻인 워터드롭Waterdrop을 합성한 말로써 기부를 위한 바코드가 물방울Waterdrop형태의 모양을 하고 있어 '바코드롭Barcodrop'이라 하였다. 이 캠페인에 사용되는 미네워터 물병에는 바코드가 2개가 있다. 하나는 제품가격을 지불하기 위한 바코드와 기부를 위한 바코드인 물방울 모양의 바코드롭Barcodrop이다. 기부방식은 마트나 편의점에서 가격 바코드를 스캔해 제품 값을 지불한 다음, 고객의 기부 의사에 따라 바코드롭Barcodrop을 스캔한다. 그러면 고객이 100원을, 그리고 CJ와 유통사가 100원씩을 각각 기부하여 총 300원이 물이 부족한 아프리카 아이들에게 기부된다. 미네워터는 '바코드롭 캠페인'의 성공으로 차별화된 이미지 설정에 성공했다.

그리고 미네워터 캠페인은 기존의 메시지 전달만을 했던 일방향적인 기부 캠페인에서 벗어나 소비자가 직접 기부를 행동으로 옮길 수 있도록 유도하여 사회공헌가치를 제공하여 자부심을 느낄 수 있도록 했다는 점에서 큰 의미를 가진다.

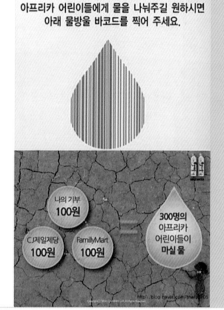

출처: blog.naver.com/casepot

　　CJ의 미네워터는 바코드롭Barcodrop이라는 아이디어로 소비자 접점에서 소비자의 소비 순간에 손쉬운 방식으로 소비자의 기부를 이끌어 냈다. 프리미엄 워터로서의 어정쩡하고 애매한 포지셔닝을 좋은 일하는 좋은 물로 포지셔닝을 하였고, 100원의 작지만 기부라는 사회공헌의 소비자 가치를 제공하였다. CJ의 미네워터는 소비자들 사이에서 CJ라는 기업에 대한 긍정적이며 차별화된 이미지를 각인시킴과 동시에 아프리카의 식수원 부족과 오염된 물로 인한 사회적 문제 해결에도 기여하면서 바코드롭Barcodrop캠페인 이후 전년 대비 매출이 3.5배 증가하기도 했다. CJ의 미네워터는 기업이 추구하는 사익私益과 사회가 추구하는 공익公益을 동시에 얻는 목표에 도달하였고, 하버드대 마이클 포터 교수가 제시한 공유가치창출CSV, Creating Shared Value전략의 구체적인 실천 방안인 코즈마케팅Cause Marketing을 적용한 성공적인 사례를 보여준다.

* 코즈마케팅(Cause Marketing): 기업이 환경, 기아, 빈곤, 보건 같은 사회적 이슈를
기업의 이익 추구를 위해 활용하는 마케팅 기법.

3. 마케팅채널(Channels)

마케팅채널은 고객세그먼트를 통한 목표고객에게 가치를 제공하기 위
하여 통신 및 커뮤니케이션하고 상품 또는 서비스를 전달하는 경로 및 방
법을 의미한다.

마케팅채널Channels의 유형에는 의사소통 관점과 유통경로 관점이 있다.
의사소통 관점 채널로는 프로모션, 커뮤니케이션, 오프라인, 온라인, 매스
미디어, SNS 등이 있으며, 유통경로관점 채널로는 직접경로영업부서, 직영매장, 홈
페이지 등의 웹사이트, 간접경로도매상, 유통매장, 각 유통 채널의 특성을 결합해 어떤
채널에서든 같은 매장을 이용하는 것처럼 느낄 수 있도록 쇼핑 환경을 제
공하는 옴니채널Omni-Channel 등이 있다.

3.1 마케팅채널(Channels) 유형의 사례

■ 홈플러스 지하철 스크린도어 가상매장

홈플러스는 지하철을 이용하는 잠재고객을 대상으로 스마트폰을 이용
하여 식료품 및 생활용품을 주문할 수 있는 온·오프라인을 묶은 새로운
점포 형태인 지하철 스크린도어 가상매장을 설치하였다. 스크린 도어에 설
치되어 있는 식품 및 생활용품 사진을 보고 해당 바코드 또는 QR코드로
바로 주문할 수 있는 시스템이다.

이 지하철 스크린 도어 가상매장에는 우유, 주스, 식빵 등 500여 가지
의 품목이 있으며 지하철로 출퇴근하는 직장인을 1차적인 마케팅 대상으로
삼고자 만들어졌다.

이 가상매장은 오프라인 매장을 늘리지 않고도 매출을 늘릴 수 있는
장점이 있으며 고객은 각종 식품 및 생활용품 구매를 위해 직접 마트나 식

출처: amusingplanet.com

품매장을 들르는 수고로움을 덜어준다는 게 특징이다. 그리고 주문한 제품
은 온라인으로 전송되어 집으로 배달해준다. 이 지하철 스크린도어 가상매
장은 미국의 월스트리트저널WSJ과 일본의 NHK, 프랑스 AFP 통신 등 7개
국, 26여 개 언론 매체가 취재해 갔으며 2011년 프랑스 칸 국제광고제인
'칸 크리에이티비티 페스티벌'에서 그랑프리 등 본상 5개를 수상했다.

■ 블렌텍(Blendtec)

블렌텍Blendtec은 1975년 탐딕슨Tom Dickson이 창립한 블렌더 제조 회사이
다. 2009년 새로운 마케팅 책임자인 조지라이트George Wright는 CEO 탐딕슨
Tom Dickson과 R & D 팀은 블렌더의 성능과 품질 테스트를 하다가 아이디어
하나를 얻었다.

CEO 탐딕슨Tom Dickson이 직접 회사휴게실에서 성능 테스트 작업을 비
디오로 짧게 촬영하여 유튜브YouTube를 통해 온라인에 올렸다.

닭뼈를 포함한 치킨, 구슬, 나무, 플라스틱 등 사람들이 일반적으로 생
각하지 못하는 것들을 넣고 갈아도 블렌더는 멀쩡하고 내용물이 고운 가루

❝ 아이폰 5 vs 삼성갤럭시 S3 ❞

출처: youtube.com

가 되어 갈린 모습에 5일 동안 6백만 유튜브YouTube 조회수를 기록했다.

저비용으로 최대의 마케팅성과를 거두었다. 이를 계기로 18개월간 5배의 매출성장을 기록하였다.

이후 CEO 탐딕슨Tom Dickson이 "오늘은 무엇을 갈아볼까요?"라고 물으며 블렌더에 갈 목록을 고객의 의견을 받는 방식으로 진행하였다. 고객이 제안한 아이폰 5iPhone 5와 삼성갤럭시 S3Samsung Galaxy S3 동영상은 유명하다.

블렌텍Blendtec은 적은 비용을 들여 제품 성능과 품질에 대한 마케팅을 했고, 매출은 700%가 성장했다. 현재 유튜브YouTube 사이트에 20만 명 이상의 독자가 있다.

4. 고객관계(Customer Relationships)

고객관계Customer Relationships는 특정한 고객세그먼트Customer Segment와의 거래와 접촉을 통하여 설정하거나 맺는 관계의 형태를 의미한다.

고객관계는 서로 다른 고객세그먼트와 관련된 조직에서 중복될 수 있는 여섯 가지인 개인지원Personal Assistance, 헌신적인 개인지원Dedicated Personal Assistance, 셀프 서비스Self-Service, 자동화 된 서비스Automated Services, 커뮤니티 Communities, 공동창작Co-Creation의 주요 범주로 나눌 수 있다. 또한 직접관계 와 간접관계, 일회성 관계와 같은 단기단속 관계와 지속적 관계인 장기 관계 로 나뉜다.

✕ 고객관계의 예

직접관계-영업사원
간접관계-도매업자
일회성 및 단속관계-판매
장기 및 지속관계-회원, 마일리지, 전환비용(Switching Cost)
개별보조 관계-판매원
전속보조 관계-VIP담당

■ **개인지원(Personal Assistance)**

이러한 유형의 고객 관계는 상호 접촉으로 특징지어진다. 고객은 구매 결정을 내리는 동안 영업사원과 같은 영업 담당자와 대화하거나 애프터 서 비스를 위해 고객 서비스 담당자와 대화할 수 있다.

■ **전용 개인지원(Dedicated Personal Assistance)**

이러한 유형의 관계는 전용 고객지원 담당자를 고객에게 지정하여 다음 단계로 개인지원을 필요로 한다. 이런 종류의 관계는 개발에 약간의 시간과 기교가 필요하며 회사의 고객 경험을 사용자로 지정하는 데 사용하는 대표적인 고객의 특성을 특징으로 한다. 은행이 종종 은행과의 오랜 관계와 높은 순자산 가치를 가진 중요한 고객에게 단일 연락 창구를 할당하는 것과 같다.

■ 셀프 서비스(Self-Service)

기업이 고객에게 제공한 가격에 반영할 비용 절감 조치를 모색함에 따라 Do It Yourself 모델이 점점 인기를 얻고 있다. 이러한 종류의 관계에서 회사는 고객이 스스로 서비스해야 하는 모든 도구를 제공한다.

■ 자동화 서비스(Automated Services)

자동화 된 서비스는 고객이 서비스를 직접 수행할 수 있는 편의성을 높이는 기계 및 프로세스를 제공함으로써 한 단계 높은 셀프 서비스이다. 이러한 종류의 서비스는 일반적으로 훨씬 더 맞춤화되어 고객의 온라인 구매 행동을 파악하여 프로필을 작성한 다음 고객에게 쇼핑 경험을 향상시키기 위해 제안을 제공하는 데 사용된다. 따라서 여러 가지 면에서 자동화 된 서비스는 경험에 포함되는 사용자 정의 때문에 개인적인 도움에 비유될 수 있다.

■ 커뮤니티(Communities)

오늘날의 소셜 미디어 중심 환경에서 커뮤니티는 기업이 소비자를 이해하고 습관과 전망에 대한 통찰력을 얻고 고객이 모여 지식과 경험을 공유할 수 있는 플랫폼을 만드는 훌륭한 방법이다. 이러한 방식으로 회사는 고객과 개인적인 관계를 형성할 뿐만 아니라 고객층이 형성하는 추가 관계로 인해 고객관계가 강화된다.

■ 공동창작(Co-Creation)

코크리에이션-공동창작Co-Creation은 공동의 가치있는 성과를 창출하기 위해 서로 다른 당사자예: 회사 및 고객 그룹를 하나로 모으는 경영 이니셔티브 또는 경제적 전략의 형태이다. 대중들의 참여를 통해 솔루션을 얻는 방법으로 회사는 최종 제품의 설계 및 제작 과정에 고객 관계를 포함시켜 고객 관계의 성격을 점차 변화시키고 있다. 이는 고객에게 제품 및 서비스에 대한 더 큰 소유권을 부여하며 종종 시장에서 제품 또는 브랜드 1위를 창출한다. 아마존Amazon은 고객이 웹 사이트에 고객이 책을 읽고 자신의 서평書評을 게시할 것을 권장하므로 독자는 비슷한 취향을 가진 사람들을 찾고 구매 결정을 내리기 전에 특정 서적에 대해 생각한 것을 평가할 수 있다.

유튜브YouTube는 전 세계 고객에게 이 웹 사이트가 세계에서 가장 큰 비디오 공유 웹사이트임을 자랑할 수 있는 콘텐츠를 만드는 데 전적으로 의존한다.

최근에는 호그HOG, Harley Owner Group와 같은 커뮤니티의 집단적 관계와 유튜브YouTube와 같은 코크리에이션Co-creation의 쌍방향 관계와 함께 전환비용Switching Cost의 제고가 강조된다.

4.1 고객관계(Customer Relationships) 유형의 사례

■ 스타벅스(Starbucks)

스타벅스는 1971년에 미국 워싱턴주 시애틀에 고든 보커, 제럴드 제리 볼드윈 그리고 지브 시글이 설립한 미국의 커피 프랜차이즈 브랜드이다. 바리스타부터 CEO인 하워드 슐츠Howard Schultz에 이르기까지 스타벅스 Starbucks를 이끄는 사람들은 고품질의 혁신적이고 맛있는 제품을 제공하면서 진정한 인간관계를 구축하기 위해 노력한다.

스타벅스는 고객과 장기적인 관계를 맺는 데 중점을 두고 있으며 이러한 노력에 크게 성공을 거두었다. 리테일스토어Retail Store를 통틀어서 독특한 분위기를 통해 소비자에게 폭넓게 이용할 수 있게 함으로써, 커피를 어느 매장에서 구입하든지 관계없이 동일한 멋진 경험을 고객에게 보장한다. 따라서 고객은 스타벅스 어느 매장을 가도 똑같을 것이라는 인식을 가진다. 또한 스타벅스는 모바일 앱과 충성도 앱을 제작하여 제공함으로써 놀

출처: starbucks.com

라운 상호작용을 통하여 고객이 계속 더 재방문할 수 있도록 한다.

스타벅스는 서비스 업계의 치열한 경쟁 속에서 시장 리더로서의 지위를 유지하기 위해 공격적인 전략을 사용하고 있으며, 회사 정책의 지속 가능성을 강조하는 브랜딩 전략을 채택했다. 마케팅 믹스의 7가지 특성은 제품, 가격, 장소, 판촉, 사람, 프로세스 및 물리적 환경으로 증명된다. 마케팅 믹스 프로그램의 주목적은 커뮤니케이션을 창출하고 고객에게 가치를 제공하는 것이다. 마케팅 믹스 전략의 약점은 단기 목표에 중점을 두고 회사의 장기적인 이익을 무시할 수 있다는 점인데 스타벅스는 고객 관계 관리, 통합 마케팅 커뮤니케이션, 훌륭한 고객 경험 및 소셜 미디어 마케팅과 같은 다양한 마케팅 전략을 사용하고 있다. 스타벅스의 목표는 고객 경험을 저소득층의 소비자들과 공유하고 그들과의 장기적인 관계를 발전시키고자 함에 있다.

스타벅스는 제품 독창성과 제품 차별화를 통해 브랜드 차별화 전략을 채택하여 제품을 홍보하고 제품 및 서비스에 혁신을 사용하여 시장에서 경쟁 우위를 확보했다. 스타벅스의 주요 타깃 시장은 전문가, 사업가 및 관광객부터 대학 및 대학의 학생까지 다양한 고객이다. 스타벅스는 다양한 지역과 국가별 취향과 문화에 따라 제품 및 서비스를 맞춤화하여 국제 시장의 고객에게 제품 및 서비스를 소개하기 위해 다른 나라에 커피숍을 오픈했으며 지금도 진행형이다2016년 1/4분기 기준 24,395개의 매장 보유.

스타벅스는 식품 서비스 운영, 소비재 패키지, 면허판매점 및 회사소유의 리테일스토어 체인Starbucks Inc, 2014 등 네 가지 채널을 통해 제품을 시장에 내놓고 판매한다. 유통 전략에 대한 회사의 경쟁 우위는 강력한 유통망 형성에 있으며 매장, 식사, 여행 및 직장에서 고객에게 접근하는 것이다. 과일 주스와 음료의 제조 과정은 경쟁자보다 동급 최고라고 자부한다. 천연 성분 보유와 주스의 영양소를 보존하기 위해 고압 저온 살균법HHP으로 음료를 준비한다Starbucks Corporation, 2012. 매장의 경험과 HHP의 견고한 프로세스 외에도 건강 음료 포트폴리오는 독창적인 판매사업의 원천이다.

■ 새로운 CRM(Customer Relationship Management: 고객관계관리) 모바일 응용 프로그램 도구 개발 및 도입

지난 몇년 동안 스타벅스는 스마트 폰 모바일 앱을 통해 편리한 구매 옵션을 제공했다. 모바일 응용 프로그램 지불 옵션은 대상 상점에서 사용할 수 있도록 바코드를 생성한다. 구매는 스타벅스 카드 모바일 앱에서 스캐너를 사용하고 고객은 PayPal을 통해 잔액을 다시 적립할 수 있다. 이 결제 옵션은 처리가 빠르기 때문에 고객에게 가장 유연하고 편리하게 작용한다. 회사는 고객을 위해 두 가지 iPhone 응용 프로그램, 즉 스타벅스 카드 모바일과 마이 스타벅스를 출시했다. 카드 모바일 응용 프로그램을 사용하면 스타벅스 카드와 모바일 상거래 기능의 유용한 기능을 즐길 수 있다. 회사는 또한 안드로이드 스마트폰을 위한 모바일 상거래 기능도 시작했다. 회사는 모바일 상거래를 렌더링하면서 경쟁 우위를 점하게 되고 기술을 활용하여 고객이탈을 방지한다. 다른 한편으로는 회사의 강력한 영업 실적을 기반으로 저성장경제 환경과 경제 위기로 인하여 소비자 반응이 좋지 않음에도 불구하고 글로벌 확장 전략을 지원하고 있다.

이 모바일 마케팅은 향후 마케팅 전략에서 중요한 역할을 한다. 2010년 스타벅스는 미국 고객을 대상으로 'Starbucks Card Mobile Application'이라는 iPhone 및 Android 모바일 응용 프로그램을 개발하여 구현하였다. 앱의 주요 기능은 고객이 모바일 장치에서 2D 바코드를 스캔하여 상점에서 지불하고 스캔할 수 있도록 하였다. App은 스타벅스의 기존의 충성 고

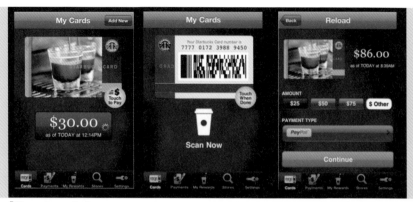

출처: geeky-gadgets.com

객을 위한 선불보상카드를 확장한 것이다. 이 앱은 시간을 절약하고 구매를 더 편리하게 해주는 이점을 기반으로 판매된다. 스타벅스는 App을 "가장 빠른 결제방법"이라고 말한다.

모바일 결재 및 보상 카드 신청은 스타벅스의 마케팅 전략의 현재 방향의 확장선상에 있다. 2009년부터 2010년까지의 보상 카드 사용에서 21%의 성장을 기반으로 스타벅스는 미국 전역의 매장에서 모바일 보상 카드 응용 프로그램의 사용을 확립했다. 모바일 마케팅 프로그램을 개발함으로써 스타벅스가 고객과의 장기적인 관계를 강화할 수 있는 기회를 제공하는 것으로 보인다. 소비재 측면의 혜택을 강화하기 위해 스타벅스는 고객이 카드를 통해 일정 금액을 구매한 후 무료 커피를 제공하여 모바일 애플리케이션 사용료를 받을 수 있게 하였다. 이것은 모바일 보상 카드 사용자들에게 긍정적인 역할을 한다. CRM을 적용할 때 스마트 폰 앱은 고객이 커피를 더 편리하게 구매할 수 있게 하여 스타벅스의 핵심 서비스 제공을 개선하고 있음을 알 수 있다.

스타벅스의 새로운 애플리케이션App의 경우, 스타벅스와 애플은 고객이 자체 서비스 제공에 기여할 수 있도록 서비스 시스템에서 공동 창작Co-Creation했으며 이 요소가 가치 공동 창작Value co-creation이다. 이로 인해 고

105

객이 스타벅스를 선택하는 것이 보다 편리하고 시간 효율적이며 보람을 느끼게 되어 서로 다른 서비스 시스템 간의 상호 작용이 일어난다. 이렇게 고객들은 스타벅스의 서비스 제공에 가치를 더 느끼게 되고 스타벅스에 대한 더 강한 충성도를 만들어 경쟁 업체로 이동하는 전환 장벽을 높인다.

5. 수익흐름(Revenue Streams)

수익흐름Revenue Streams은 각 고객세그먼트로부터 출발하여 생성되는 현금수익이 아닌 수익과 비용을 나타내는 회사의 중요한 구성요소이다.

수익흐름에는 수입의 유형과 규모, 가격책정, 협상, 경매, 시장 의존, 수량 의존 또는 수익률 관리와 같은 다양한 가격 결정 방식들이 작용한다. 수익의 흐름에는 일회성 수익 형태와 반복적 수익 형태가 있으며 지속적인 비용지출이 고객에게 어떤 가치를 제안하는지 또는 애프터 서비스와 같은 사후 관리를 제공하는지도 중요하다.

기업 수익흐름의 생성방법에는 여러 가지가 있다.

■ 자산(제품)판매

기업이 가지고 있는 자산제품의 소유권이 실제제품으로 판매된다.

■ 사용료/이용료

특정 서비스의 사용이 판매되는 경우 사용량에 따라 지불된다. 전화 서비스회사는 전화의 종류국내, 해외와 통화 시간에 따라 요금을 달리 청구할 수 있다. 호텔과 같은 숙박업소의 경우 객실 유형에 따라 고객에게 객실별 요금을 부과하며 퀵서비스와 같은 배달 서비스는 고객이 한 위치에서 다른 위치로 물건이나 서류를 배달하는데 거리와 시간을 감안하여 비용을 청구한다.

■ 구독료/가입비

여기서 서비스에 대한 연속적 또는 반복적인 액세스가 판매된다. 피트니스와 같은 체육관은 회원들에게 운동시설을 이용할 수 있는 월간 또는 연간 회원권인 회원가입비를 판매한다.

■ 대여료/임대료

여기서의 수익흐름은 유료 기간에 특정 자산에 대한 배타적 권리를 부여함으로써 생성된다. 대여나 임대업자는 반복적인 수익을 얻고 임차인은 소유비용의 일부만 지불한다. 정수기, 렌터카와 같은 렌탈 서비스가 있다.

같은 제품이라도 판매보다 렌탈서비스 비즈니스 모델이 수익흐름을 좋게 만드는 경우가 있다. 우리나라의 대표적인 성공모델은 바디프렌드Body Friends이다.

■ 라이선스

콘텐츠 소유자는 제3자에게 라이선스를 판매하는 동안 저작권을 보유한다. 미디어 기업은 특정 기술의 특허 소지자와 마찬가지로 이러한 방식으로 수익을 얻는다.

■ 중개 수수료

여기에 나오는 수익은 둘 이상의 당사자를 대신하여 수행되는 중개 서비스에서 발생한다. 부동산 중개인은 구매자와 판매자를 성공적으로 매치시킬 때마다 수수료를 받는다. 신용카드 사업자신용카드사, VAN사는 신용카드 상인과 고객 사이에서 실행되는 각 판매 거래의 가치 중 일정 비율을 수수료로 부과하여 차지함으로써 수익을 얻는다.

■ 광고

특정 제품, 서비스 또는 브랜드를 광고하는 비용은 수익 흐름의 기반이 된다. 신문이나 미디어 산업은 일반적으로 웹 사이트 광고 및 소프트웨어 판매로 확산된 이 접근 방법에 의존한다.

■ 가격 책정 방식

가격은 고정가격 또는 변동가격일 수 있다. 첫 번째는 정적 변수를 기반으로 한다. 정가는 팜플렛 등에 명시된 가격대로이지만 구매한 품목 수 또는 필요한 서비스에 따라 할인될 수 있다. 또한 가격은 특정 고객세그먼트의 특성에 맞게 조정될 수도 있다. 반대로 변동가격 책정은 시장 상황에 따라 다르며 구매자의 능력과 협상력에 영향을 받는다. 수익율 관리에서 가격은 항공사 좌석 또는 호텔 객실에서와 같이 인벤토리 및 구매하는 시간에 따라 다르다. 경매와 같은 실시간 경쟁시장의 가격은 공급과 수요 조건에 따라 동적으로 결정된다.

5.1 수익흐름(Revenue Streams) 유형의 사례

■ 프리챌(Freechal)

한창 벤처붐이 불던 1999년 사업을 시작한 프리챌은 동영상과 게임 포털을 기반으로 한 카페 형식의 동호회 커뮤니티로 큰 인기를 모았고 동영상포털과 게임포털을 양축으로 하는 디지털 엔터테인먼트 회사를 지향하였다.

한때는 가입자가 1000만 명에 달하는 등 돌풍을 일으켰으나 무료로 제공되던 카페운영을 2002년 유료화로 전환하며 고객들이 떠나가기 시작했다. 유료화 전환 뒤 당시 110만 개의 동호회가 40만 개로 줄어드는 등 이용자가 크게 줄며 유료화 전환으로 인한 엄청난 실패를 하게 된다.

유료화로 전환하게 된 이유는 갑작스러운 가입자수 증가로 인하여 이를 관리하기 위한 비용이 천문학적으로 늘어났기 때문이었다. 이를 해결하기 위해 내놓은 해결책이 바로 유료화전환이었고 커뮤니티에 대해 관리비 형식의 돈을 받는 것이었다. 당시 유료화전환 정책이 터무니없는 수준은 아니었다. 이용자 전원이 아닌 커뮤니티 운영자만 유료서비스로 월정액 3,300원에 가입하면 되는 것이었으며 유료 이용자가 되면 5개의 커뮤니티를 유료화할 수 있었다. 그리고 당시에는 포털 사이트들의 기본 이메일 용량은 매우 적었

출처: Freechal

고 대부분의 포털 또는 이메일 서비스가 지금처럼 무료가 아닌 유료 서비스를 선택적으로 제공하고 있었다. 프리챌 유료 이용자에게는 이 기본 메일 용량을 100배로 확장해주고 POP3Post Office Protocol 3/SMTPSimple Mail Transfer Protocol 서비스를 제공하겠다고 공지했는데 이메일 용량과 POP3/SMTP만 놓고 보더라도 당시 가장 많이 사용하던 핫메일hotmail과 한메일hanmail의 월정액과 같거나 더 저렴했다. 그 외에 캐시나 아바타 등등 소소하지만 나름 우대 항목이 많았다.

> *POP3: 메일 클라이언트가 메일을 사용자 자신의 PC로 다운로드할 수 있도록 해주는 프로토콜을 말함. 현재 대부분의 메일 서버에서는 POP3을 사용하고 있음.
>
> *SMTP: 인터넷 상에서 전자 메일을 전송할 때 쓰이는 표준적인 프로토콜을 말함.

하지만 공짜로 동아리 기능을 쓸 수 있는 곳이 널려 있을 만큼 많았을 뿐만 아니라 더 큰 문제는 이런 혜택을 홍보하여 가입자들을 천천히 유료 이용자로 전환시키는 것을 유도하기보다 너무 짧은 기간 안에 선택을 강제하면서 유료화하지 않은 커뮤니티는 폐쇄시키겠다는 초강수를 둔 것이 이용자들에게 엄청난 불만과 반발을 샀다. 프리챌의 이러한 고압적인 자세에 반발하여 이런 포털을 이용할 이유가 없다고 판단한 이용자들 중 다수가 프리챌을 떠났다. 당시 프리챌의 커뮤니티와 초기부터 경쟁하던 다음의 '카페'와 싸이월드의 '클럽'으로 이동한 경우가 많았다. 이때 드림위즈나 하나포스 등 이용자수가 적은 포털에서는 '커뮤니티 이사'라는 형식으로 프리챌 커뮤니티의 기존 게시판 내용을 통째로 옮겨와 보전해주는 서비스를 제시하며 프리챌을 떠나려는 이용자들을 흡수하였다. 결국 프리챌의 활성화 되었던 110만 개의 커뮤니티 수는 40만 개로 줄었고 급기야는 수만 개로 줄었다.

이후 소규모 커뮤니티 '섬'과 커플 포털 '커플iN'으로 재기를 노렸지만, 고객들은 돌아오지 않았고 예전의 화려했던 영광을 찾지 못했다.

2003년 새롬기술현 솔본이 인수하여 유료화를 폐지했으나 이미 떠난 고객들은 다시 돌아오지 않았으며, 프리챌은 군소 포털사이트의 하나로 전락하였다. 결국 돌파구를 찾지 못하고 2011년 3월 파산하여, 같은 해 11월 웹하드 업체인 '아이콘큐브'에 매각되었다.

국내 1세대 인터넷 커뮤니티 사이트로 출발한 프리챌의 실패는 고객가치를 등한시 하고 고객세그먼트로부터 창출되는 수익흐름 유형의 가격정책 방식을 비즈니스 모델에 잘못 적용한 대표적인 사례이다.

6. 핵심자원(key resources)

핵심자원key resources은 기업이 비즈니스를 원활하게 수행하는데 가장 필요하고 중요한 자원과 자산을 의미한다.

기업이 가치제안이나 마케팅채널, 고객관계와 수익흐름을 위해 어떤 핵심자원이 필요한지를 말한다. 핵심자원은 유형 자원과 무형 자원으로 나뉘며 유형 자원으로는 물적 자원, 인적 자원, 재무 자원이 있으며, 무형 자원으로는 지적 재산이나 고객기반 자원으로 나뉜다.

■ 물적 자원

물적 자원은 회사가 가치제안을 창출하는데 사용하는 유형의 자원이다. 제조시설, 재고품, 건물, 차량, 기계, POS 시스템 및 유통 네트워크와 같은 물적 자산이 이 범주에 속한다. 월마트Wal-Mart나 아마존닷컴Amazon.com과 같은 대형 소매업체들은 종종 자본 집약의 물적인 유통인프라에 크게 의존하고 있다.

■ 인적 자원

모든 기업들은 인적 자원이 필요하고 가장 중요하지만 종종 조직에서 간과하기 쉽다. 특히 서비스 산업에 종사하는 기업이나 많은 창의성과 광범위한 지식풀이 필요한 기업의 경우 고객 서비스 담당자, 소프트웨어 엔지니어 또는 과학자와 같은 인력이 중추적인 역할을 한다.

페덱스FedEx와 같은 특송업체의 트럭 운전사는 물적 자원과 결합된 인력으로, 트럭을 이용하여 고객에게 제품을 전달하고 서명을 받으며 고객으로부터 기업경험을 창출한다. 스위스 바젤에 본사를 둔 제약업계의 거물인 다국적 제약회사 노바티스는 우수하고 숙련된 최고의 과학자들뿐만 아니라 의약품을 만들어 의사에게 판매할 수 있는 우수한 영업 인력에 크게 의존하고 있다. 마찬가지로 UBS 자산관리 역시 세계 최고의 은행 중 하나이지만 세련되고 지식이 풍부한 은행가가 없으면 고객만족리뷰를 얻지 못했을 것이다.

■ 재무 자원

일부 비즈니스 모델은 현금, 신용 한도 및 직원을 위한 스톡옵션과 같은 재정 자원이나 보증에 크게 의존한다. 중국의 생명보험은 광범위한 고객 기반을 바탕으로 보험을 판매한다. 그러나 중국 생명보험이 보험 청구를 충당하기에 충분한 자본을 보유하지 못한다면 시장에서 살아남을 수 없다.

이동통신장비업체인 에릭슨Ericsson의 통신 등 서비스업체가 장비제조업체에게 장비공급을 우선적으로 주는 조건으로 자금이나 기술 등을 지원받는 벤더파이낸싱이 좋은 예이며 한국에서는 처음으로 통신서비스업체인 두루넷이 미국의 통신장비제조업체인 시스코시스템으로부터 시스코의 장비를 우선 공급받고 장비 대금은 시스코의 자회사인 시스코 시스템스 캐피털 측에 납부하는 방식으로 외자유치를 한 사례가 있다. 자동차 제조업체의 경우도 재무 자원 측면에서 제조업체는 인프라와 재고에 투자할 자본을 요구한다. 은행이나 기타 금융 기관이 제공하는 것보다 더 나은 조건으로 자동차를 임대하거나 빌려 자동차를 구입할 수 있는 캐피털사의 할부옵션을 고객에게 제공하는 데 사용할 수도 있다.

■ 지적 자원

지적 자원에는 특허권, 저작권, 브랜드, 독점지식 등이 있다. 모두 비즈니스 모델에서 점차 중요한 구성 요소가 되고 있다. 지적 자원은 개발하는 데 시간을 많이 필요로 한다. Adobe는 여러 해 동안 시행착오를 거치고 수정하여 완성된 소프트웨어에 의존하며 일부 비즈니스는 매우 강력한 지적 자산을 보유하고 있다. 구글은 현재 Nortel에서 지적 자원을 강화하기 위해 특허 라이브러리를 사들이고 있다.

2000년과 2012년부터 기업들은 점점 더 지적 자원의 중요성을 인식하게 되었고 이것은 미국에서 눈에 띄게 증가한 특허를 통해 알 수 있다. 2011년과 2012년 사이에 구글이 제출한 특허 건수가 170% 증가했다. 애플도 같은 기간 동안 특허 건수가 68% 증가했다. 따라서 기업들은 특허를 비즈니스와 성장의 주요 원동력으로 보기 시작했다.

■ 고객기반 자원

고객기반 자원은 고객의 데이터베이스DB, 웹사이트 트래픽, 고객신뢰 등 고객정보와 빅데이터 등을 의미한다.

6.1 핵심자원(key resources) 유형의 사례

■ 하나의 핵심자원을 다양한 비즈니스 분야에 접목하는 월트디즈니 컴퍼니

하나의 소스Source − 콘텐츠Contents를 가지고 다양하게 활용하여 부가가치를 극대화한다는 마케팅 전략을 '원 소스 멀티유즈One Source Multi-Use: O.S.M.U'라고 한다.

예를 들자면 극장용 영화 제작에는 많은 초기 투자가 필요하고 요구되지만, 일단 영화가 흥행에 성공한다면 캐릭터를 비롯하여 음반, 패션, 이벤트, 게임, 관광 등 다양한 관련 시장을 형성하면서 부가가치를 증대해 나갈 수 있다. 반대로 하나의 캐릭터를 성공시키고 난 뒤 그 캐릭터와 관련된 영화, 장난감과 같은 상품과 게임, 테마놀이터, 펜션이나 호텔 등 다양한 비즈니스로 연결할 수 있다. 또한 영화 자체도 일정한 시차를 두고 지상파나 위성방송, 케이블 TV, 비디오 시장 등으로 미디어를 다원화 할 수 있다. 이렇듯 하나의 콘텐츠를 가지고 다양하게 활용하여 부가가치를 극대화 하는 것을 원 소스 멀티유즈One Source Multi-Use: O.S.M.U라고 하는데 이 원 소스 멀티유즈One Source Multi-Use를 활용하고 있는 기업들은 많지만 가장 잘 활용하고 있는 대표적인 기업은 바로 월트디즈니Walt Disney라 할 수 있다.

디즈니는 글로벌 엔터테인먼트 기업이다. 미디어 네트워크사업 부문Media Networks, 테마파크와 리조트사업 부문Thema Parks and Resorts, 스튜디오 엔터테인먼트사업 부문Studio Entertainment, 소비자제품사업 부문Consumer Products 및 인터랙티브사업 부문Interactive의 5개 사업 부문으로 운영되어지고 있다.

이렇게 하나의 콘텐츠를 이용하여 다양한 비즈니스 부문에서 수익을
창출한다.

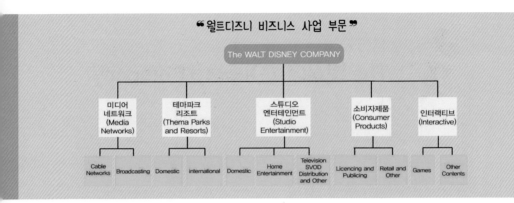

그러면 각 분야에서 어떻게 수익을 창출하고 있을까?

· **미디어 네트워크사업 부문(Media Networks)**: 이 부문에는 방송 및 케이
블 TV 네트워크, TV 제작 운영, TV 배포, 국내 텔레비전 방송국, 라
디오 네트워크 및 방송국이 포함된다. 회사의 케이블 TV 네트워크에
는 ESPN, 디즈니채널, ABC 제품군 및 UTV/Bindass 네트워크가 포
함되어 있다. 회사의 방송 사업에는 ABC TV 네트워크 및 소유 텔레
비전 방송국, ESPN 라디오 네트워크 및 라디오 방송국, 라디오 디즈
니 네트워크 및 라디오 방송국이 포함되며 또한 독창적인 실사 및
애니메이션 TV 프로그램을 제작한다.
미디어 네트워크사업 부문이 주로 수익을 창출하는 부분은 첫 번째
로 디즈니의 미국 방송 TV 네트워크와 제휴한 케이블, 위성 및 통신
서비스 제공 업체다 채널 비디오 프로그래밍 유통 업체 또는 MVPD 및 텔레비전 방
송국에 부과되는 제휴 수수료이다.
두 번째, 광고 방송 프로그램에서 시간을 광고주에게 판매한 광고

수익이다.

세 번째는 텔레비전 프로그램 판매 및 유통을 포함한 기타 수입과 유료 및 국제 TV 시장, DVD 및 블루 레이 형식 및 온라인 서비스를 통해 판매된다.

· 테마파크와 리조트사업 부문(Thema Parks and Resorts): 이 부문에는 전 세계의 디즈니 리조트가 포함된다. 회사는 플로리다의 월트 디즈니 월드 리조트와 캘리포니아의 디즈니랜드 리조트를 소유하고 운영한다. 국제적으로 이 회사는 디즈니랜드 파리Disneyland Paris에서 51%의 소유권을 보유하고 있으며, 홍콩 디즈니랜드 리조트HKDL에서 48%의 소유권을 보유하고 있다. 또한 도쿄 디즈니랜드 리조트에서 43%의 소유권을 보유하고 있으며 도쿄 디즈니랜드 리조트에서 발생한 수익에 대해 로열티를 받는다. 리조트에는 테마파크, 리조트 호텔, 소매점, 식당 및 엔터테인먼트 단지, 스포츠 단지, 콘퍼런스 센터, 워터파크 및 기타 레크리에이션 시설이 포함되어 있다. 회사는 디즈니 휴가 클럽을 통해 디즈니 크루즈 노선을 운영하고 휴가 클럽 소유권을 판매한다. 월트디즈니 사업부는 테마파크 개념과 명소 및 리조트를 디자인하고 개발한다.

테마파크와 리조트사업 부문Thema Parks and Resorts에서 수익을 창출하는 부분은 테마파크 입장권 판매, 음식, 음료 및 상품 판매, 호텔의 객실 숙박 요금, 크루즈 휴가 패키지 판매, 휴가 클럽 소유권 판매 및 대여를 통해 발생한다.

· 스튜디오 엔터테인먼트사업 부문(Studio Entertainment): 이 부문에서 회사는 실사 및 애니메이션 영화를 제작하고 월트디즈니 픽쳐스, 픽사, 마블, 터치스톤, 루카스 필름 및 UTV 배너로 사진을 배포한다. 또한 무대 연극과 음악 녹음을 제작하고 라이센스를 발행하며 라이브 엔터테인먼트 이벤트를 제작하고 시각 및 오디오 효과 및 기타 후반 작업 서비스를 제공한다.

스튜디오 엔터테인먼트사업 부문Studio Entertainment에서 수익을 창출하는 부분은 영화, 홈 엔터테인먼트 및 TV 시장에 대한 영화 배포로 수익을 창출하고 녹음된 음악 배포, 무대 재생 티켓 판매 및 라이브 엔터테인먼트 이벤트의 라이센스 수입으로 수익을 창출한다.

· **소비자제품사업 부문(Consumer Products)**: 이 부문에서는 전 세계의 다양한 소매업체, 쇼 기획자 및 출판사에 상표명, 캐릭터를 비롯한 시각적, 문학적 자산을 라이센싱한다. 또한 디즈니 스토어Disney Store 및 디즈니 스토어닷컴DisneyStore.com을 통해 제품의 소매, 온라인 판매 및 도매유통을 한다. 회사는 어린이 및 가족을 위한 엔터테인먼트, 교육 서적과 잡지, 만화책을 출판하고 중국에서는 영어 학습 센터를 운영한다.

소비자제품사업 부문Consumer Products에서 수익을 창출하는 부분은 디즈니 영화, 텔레비전, 기타 자산에서부터 소비재, 아동 도서, 잡지 출판, 소매 업체에 대한 상품 판매 및 중국에서 영어 학습 센터를 하고자 하는 제 3자에게 받는 라이센스 비용을 통하여 수익을 창출한다.

· **인터랙티브사업 부문(Interactive)**: 이 부문에서는 양방향 미디어 플랫폼에서 브랜드 엔터테인먼트 및 라이프 스타일 콘텐츠를 제작하여 제공한다. 여기에는 멀티 플랫폼 게임의 제작 및 배포, 게임 콘텐츠의 라이센스 부여 및 브랜드 온라인 서비스 개발이 포함되어 있다.

인터랙티브사업 부문Interactive에서 수익을 창출하는 부분은 비즈니스는 멀티 플랫폼 게임 판매, 온라인 및 모바일 게임에 대한 구독 및 마이크로 거래, 라이센스 내용 및 온라인 광고, 스폰서십을 통하여 수익을 창출한다.

디즈니는 2014년 9월 마감 회계 연도 기준 총 488억 달러한화 약 56조 매출을 올렸고 이중 45.9%에 이르는 264억 달러가 수익비용이었다. 이 수익비용에서 디즈니의 판매비용과 일반비용, 관리비용, 감가상각비를 포함한 다른 운영비용을 제외하고 23.6%의 115억 달러 영업이익률을 기록했다.

이자 및 법인세를 납부한 후 디즈니는 순이익 15.4%인 75억 달러, 한화로 약 8조 6천억 원을 기록했다.

디즈니는 핵심자원인 캐릭터를 이용한 다양한 부문의 비즈니스영역을 창출하여 수익을 창출한다. 상업적으로 성공한 캐릭터는 이렇듯 많은 비즈니스 분야로 확대 재생산이 가능하다는 장점이 있다. 2009년에는 디즈니가 북미의 가장 큰 만화책 출판사인 마블 코믹스Marvel Comics를 40억 달러한화 약 4조 6천억 원에 인수한 것을 보면 핵심자원이 얼마나 중요한지를 보여준다. 디즈니가 그 당시 인수한 것은 회사라기보다는 마블 코믹스가 가지고 있는 핵심자원인 캐릭터를 인수했다고 보는 것이 맞을 것이다.

7. 핵심활동(key Activities)

핵심활동key Activities은 기업의 비즈니스 목적을 달성하기 위해 수행해야 하는 중요한 활동을 의미한다.

가치제안과 마케팅채널, 고객과의 관계, 수익흐름을 위해서는 어떤 핵심적인 활동이 필요한지를 말한다. 비즈니스 성공을 위해서는 회사가 주로 비즈니스 모델에 따라 결정되는 주요 작업을 수행해야 하며 주요 활동수행은 활동을 수행하는 조직의 비즈니스 모델에 따라 다르다. 예를 들어 제품 중심 비즈니스는 사용자의 지속적인 이해와 기술 혁신에 대한 지속적인 연구와 같은 활동에 더 큰 의미를 부여한다. 핵심활동의 유형으로는 생산활동, 문제해결, 플랫폼·네트워크가 있다.

■ 생산 활동

생산 활동은 일반적으로 제조회사의 특징이며 우수한 품질의 제품을 설계, 제조하여 적기, 적량, 적가에 공급하는 것이 아주 중요하다.

■ 문제 해결

고객의 문제 해결이 핵심활동인 조직은 일반적으로 개별적인 문제에 대하여 고유한 솔루션을 찾는 것을 목표로 하여야 한다. 컨설팅 업체를 비롯하여 병원 및 대부분의 서비스 조직은 고객문제를 고유하게 해결하려고 노력해야 하며 조직은 많은 지식 관리와 지속적인 교육훈련을 통한 고객의 문제해결이 중요하다.

■ 플랫폼 / 네트워크

금융기관 등은 네트워크, 중개플랫폼, 소프트웨어, 브랜드 등이 중요하다.

구글은 지속적으로 새로운 서비스를 혁신하고 검색 엔진 플랫폼을 개선하여 더 빠르게 서비스를 제공한다.

중국의 샤오미는 고객들에게 운영체계인 미우이MIUI를 매주 금요일 업데이트하겠다고 한 약속을 한 번도 빠지지 않고 하고 있다.

7.1 핵심활동(key Activities) 유형의 사례

■ 공구 제조판매를 넘어 공구 임대와 다양한 서비스를 제공하는 힐티(Hilti)

출처: hilti.com

힐티Hilti는 리히텐슈타인 다국적 기업으로 건축, 유지보수 및 광업산업을 위한 제품을 주로 전문적인 최종 사용자에게 개발, 제조, 판매, 임대하는 회사이다. 힐티가 혁신적인 비즈니스 모델을 도입하기 전에는 여타 공구를 제조 판매하는 다른 회사와 다를 바 없이 공구를 제조하여 건설업계나 건설작업자들에게 장비를 판매하는 회사였다.

힐티는 판매에서 거래/임대 기반 비즈니스 모델로 전환을 꾀하며 선진국 시장에서 주요고객의 이탈을 막기 위해 비즈니스 모델 혁신을 단행했다. 공구 제조업체에서 서비스업으로 전환한 것이다. 대부분의 건설업자들이 공구를 구매하는 이유가 공구를 가지고 싶어서가 아닌 그 공구를 이용하여 무언가를 건설하기 위해 구입한다는 것이었다. 또한 건설현장에서 건설업자들은 비와 눈 등의 날씨로 인한 공구관리가 취약하였고 도난 등의 문제 등이 발생한다는 것에 주목하였다. 그러한 정보를 바탕으로 힐티는 질 좋은 공구를 대여해주는 공구임대서비스를 시작하였다.

고객이 힐티의 '플릿비즈니스 서비스'에 가입하면 고객은 사용기종과 수에 맞는 정액요금을 지불하도록 했다. 구매하는 것보다 조금 비싸지만 수리 및 교환부터 대체기계 대여와 도난보상까지 전부 포함된 서비스를 제공한다. 이 서비스를 이용하는 고객은 재고가 필요할 수도 있는 모든 도구를 구매할 필요가 없는 것이다.

힐티는 이 서비스를 시행하기 위해 전용 공구관리시스템을 구축하고 고객과 네트워크를 형성하지 않으면 안 되었다. 기존 영업방식도 바뀌고 고객대상도 현장의 작업자들에서 경영층으로 바뀌어 힐티의 현장 영업담당자가 당황하는 일도 발생했지만 그러한 비즈니스 모델의 전면적인 개편과 혁신이 있었던 까닭에 지속적인 경쟁우위를 만들 수 있었다.

그리고 소비자가 구매한 제품에 대해서도 수선reparing, 교체replacing, 처분disposing에 대해 소비자에게 어떠한 책임도 묻지 않는다. 대부분의 제조판매회사들은 소비자들이 제품을 구매한 이후에는 정해진 A/S기간 외에 제공하는 서비스가 없으며 당연히 그 소비자가 제품에 대해 잘 보관하고 처리

출처: Hilti Korea

할 것이라고 믿으며 공구제품과 관련되어 발생하는 모든 문제는 소비자의 몫이 된다.

하지만 힐티는 소비자에게 제품을 판매한 후에도 소비자에게 소유권은 완전히 넘어갈지라도 제품의 라이프사이클에 대한 소유권은 넘기지 않는다. 수선, 교체, 처분에 대한 나름의 책임을 힐티가 부담한다. 이것은 소비자가 제품을 사용하는 그 순간만큼은 정말 최상의 서비스를 이용할 수 있게 하겠다는 힐티기업의 의지가 담겨있다. 힐티는 자신들의 제품에 대한 라이프사이클을 책임짐으로써 제품이 불필요하게 처분되거나 버려지는 것을 방지하며 제품을 재활용하는 데 적극적으로 대응하고 있다.

힐티는 비즈니스 모델을 공구의 판매에서 임대서비스로 바꾼 후 더 나아가 힐티의 엔지니어와 같은 전문 인력을 통한 건설회사 컨설팅 분야로도 비즈니스 모델을 확장하였다.

건설현장마다 예산과 목표에 맞춰 적합한 제품을 어떻게 선택하고 사용해야 하는지 컨설팅을 하였다. 이런 컨설팅을 통하여 모이게 된 데이터는 고객이 차후 다른 공사를 하게 될 때 기존의 데이터를 통하여 보다 쉽게 예산 계획을 할 수 있게 되었다.

현재 힐티는 전 세계 120여 개국에 지사를 두고 24,000명 이상의 직원이 있으며, 디자인센터 운영을 비롯하여 현장 작업을 위한 설계, 제품 및 도구용 소프트웨어에서부터 교육, 수리, 테스트 및 컨설팅에 이르기까지 새로운 비즈니스 모델의 핵심활동을 통하여 고객의 요구에 맞는 다양한 서비스를 제공하고 있다.

기업이 혁신을 실현하기 위해서는 기업에 맞는 적절한 비즈니스 모델 조사와 학습이 이루어져야 하며 지속적인 관심이 필요하다.

8. 핵심파트너십(key Partnerships)

핵심파트너십은 기업의 비즈니스 모델이 원활히 작동되도록 두 개의 상업주체인 공급자와 파트너 간의 네트워크 형성을 의미한다.

비즈니스가 요구하는 다양한 핵심파트너십을 평가할 때는 다음 주요 질문에 따라 파트너십의 성격을 분석하는 것이 효과적이다. 누가 우리의 핵심파트너이고, 누가 핵심공급자인가? 우리는 파트너로부터 어떤 핵심자원을 획득하는가? 파트너가 어떤 핵심활동을 수행하는가?를 잘 분석하고 평가하여야 한다.

파트너십은 아웃소싱을 통한 비즈니스 모델의 최적화와 규모의 경제, 리스크와 불확실성을 감소시키거나 특정한 자원이나 활동의 획득을 추구하기 위하여 상호 네트워크를 구축한다.

파트너십의 유형으로는 비경쟁자와의 전략적 제휴, 경쟁사와의 제한적 파트너십, 신사업을 위한 합작투자, 안정적인 수급을 위한 구매와 공급관계가 있다. 최근에는 협동조합의 개념이 파트너십의 유형으로 새롭게 부각되고 있으며, 우리나라는 몇 년 전부터 협동조합 설립조건을 완화하고 설립비용 지원과 함께 협동조합 설립을 장려하고 있다.

파트너십을 형성할 때 중요한 요소가 있다.

- **올바른 파트너십 협약**: 파트너십이 사업체이든 개인이든 관계없이 모든 관련 당사자가 법률자문을 통하여 작성된 명확한 파트너십 계약을 갖는 것이 중요하다.
- **기대 정의**: 새로운 비즈니스는 처음부터 기대치를 확립하지 못하고 나중에 많은 혼란과 갈등을 초래한다. 기업가는 자신의 기대를 공개적으로 파트너와 공유하고 그 반대로 처음부터 자신의 기대를 공유했는지 확인해야 한다.
- **고객에게 미치는 영향**: 파트너 관계를 형성할 때 가치 제안과 주요 리소스를 평가하고 파트너가 어느 정도의 격차를 메우는지 확인하는 것이 중요하다. 이는 파트너십이 고객에게 어떻게 전달되고 반응할 것인가는 평가함으로써만 가능하기 때문이다.
- **윈(Win)-윈(Win)상황**: 파트너십을 건강하고 지속 가능하게 유지하려면 양측 모두에서 눈에 보이는 이익이 있어야 한다.
- **파트너십 선택**: 일부 파트너십은 이론적으로 수익성이 있는 것처럼 보일 수 있지만 사실상 그 자리에서 예단하기 어렵다. 또한 비즈니스의 전후사정으로 인해 일부 비즈니스 파트너 관계가 무의미해질 수 있다. 이러한 경우 자원 낭비를 피하기 위해 신속하게 파트너 관계를 끝내는 것이 중요하다.

8.1. 핵심파트너십(key Partnerships) 유형의 사례

■ 씨티뱅크(City Bank)

씨티뱅크City Bank는 거대 금융서비스 그룹인 씨티그룹의 은행업 분야 자회사이다.

씨티뱅크의 신용카드사업 분야 핵심 파트너십은 다양하고 광범위하게 형성되어 있다. 세계에서 가장 큰 신용카드 발급기관인 씨티는 씨티 브랜디드 카드Citi Branded Cards 및 씨티 리테일 서비스Citi Retail Services를 통해 5천 5백만 개 이상의 계정을 보유하고 있으며 연간 구매 매출 약 4,210억 달러약 475

출처: SlideShare.net

조를 올리고 있으며 평균 미수금 약 1,400억 달러약 158조를 보유하고 있다. 이런 씨티뱅크의 성장에는 성공적인 핵심파트너십의 전략적 제휴에 있다.

- **씨티 브랜디드 카드-Citi Branded Cards:** 씨티 브랜디드 카드는 전 세계적으로 5천 5백만 개의 계정으로 소비자 및 중소기업에 지불 및 신용 솔루션을 제공한다. 2016년 씨티 브랜디드 카드 사업은 연간 구매 매출액 3,410억 달러약 385조를 창출했으며 평균 대출액은 960억 달러약 108조였다.
  씨티 브랜디드 카드는 단순화, 표준화, 활성화한 글로벌 제품 포트폴리오를 통하여 성장에 중점을 두었다.
  미국에서는 코스트코의 공동 브랜드 신용카드 포트폴리오 인수 및 전환을 완료하고 코스트코 애니웨어 비자 카드를 출시했다. 향상된

가치 제안을 통해 카드를 출시하였고 6개월 만에 1백만 개의 신규 계좌를 보유하게 되었다. 또한 세계 최대 항공사인 아메리칸 항공과 독점 제휴를 맺고 여러 채널을 통해 신규 고객에게 카드 라인업을 계속 제공할 수 있게 되었다. 국제적으로, 호주의 슈퍼마켓 체인인 콜스Coles와 신용카드 제휴 계약을 체결하고 세계적으로 하나의 글로벌 공통 카드 제품을 출시하였다. 중국에서는 혜택이 많은 씨티 프레스티지 에스엠Citi Prestige SM 카드를 출시하였고, 인도네시아 및 말레이시아에서는 고객 가치 중심을 위한 카드인 씨티 심플리시티 에스엠Citi Simplicity SM 카드를 출시했다.

2016년 미국에서는 구글과 제휴하여 그 어느 때보다 빠르게 새로운 기능을 출시함으로써 디지털 서비스를 개선했다.

출처: Q13fox.com

씨티 퀵 락Citi® Quick Lock을 통하여 카드 회원이 카드를 잠그고 해제할 수 있는 기능, 교체 카드를 추적하는 기능, 앱에서 분쟁을 제기할 수 있는 기능 등 새로운 디지털 기능이 도입하였고 모바일 결제 경험의 주요 구성 요소를 디지털화하여 눈부신 발전을 이루어 성장을 주도하였다. 그리고 호주와 싱가포르에서 도입된 온라인, 인앱In-App 결재 및 매장 결제에 대한 간단하고 빠른 옵션을 고객에게 제공하는 자체 결제솔루션을 발표했다. 매장 구매를 위해 페이팔PayPal을 사용하려는 고객을 위해 카드를 토큰화하기 위해 페이팔과의 제휴를 발표한 최초의 글로벌은행이 되었다.

아시아 지역에서는 삼성 페이Pay와의 글로벌 파트너십을 확대하고 지역의 선도적인 디지털 회사 및 소셜 미디어 플랫폼과 전략적 계약을 맺고 고객이 가장 많이 사용하는 디지털 생태계에 서비스를 통합하여 가치와 편리함, 속도를 제공했다.

보상 프로그램인 땡큐 리워즈ThankYou® Rewards를 통하여서는 멕시코, 대만 및 아랍 에미리트를 포함한 새로운 글로벌 시장으로의 확장을 계속했다. 플랫폼은 현재 시티의 카드 매출 기반의 90% 이상 차지하는 시장을 커버한다. 이 프로그램은 미국의 최대 전자 제품 소매 판매 회사인 베스트 바이Best Buy, 여행 관련 호텔 및 항공권 등의 온라인 예약과 결제를 통합적으로 관리해주는 서비스 플랫폼인 익스피디아 Expedia, 원더 테크놀로지Wonder Technologies, Inc 및 미국의 꽃과 음식선물 소매 및 유통 업체인 1-800-Flowers.com과의 새로운 제휴관계를 발표했으며 항공사인 제트블루Jet Blue를 새로운 포인트 전송 파트너로 추가함으로써 고객에게 포인트를 사용할 수 있는 더 많은 방법을 제공할 수 있게 되었다.

또 하나의 엔터테인먼트 액세스 프로그램인 씨티 프리베이트 패스 Citi® Private Pass®는 1,500명 이상의 아티스트와 협력하여 전 세계 14개국 및 미국 고객에게 최고의 액세스와 VIP 경험을 제공한다. 또한 싱가포르, 대만, 태국, 홍콩의 라이브 네이션Live Nation과의 독점적인 파트너십을 확보하여 프로그램을 국제적으로 더욱 확대하였다.

• **씨티 리테일 서비스-Citi Retail Services**: 씨티 리테일 서비스Citi Retail Services는 소매업체를 위한 북미 최대의 개인 상표 및 공동 브랜드 신

용카드 제공 업체 중 하나이다. 또한 다채널 소매 전문 지식, 고급 데이터 분석 및 디지털 솔루션을 제공하여 다양한 업계의 주요 소매 업체가 비즈니스를 성장시킬 수 있도록 지원한다. 베스트 바이Best Buy, 정유회사 엑슨 모빌Exxon Mobil, 체인 백화점인 메이시Macy's, 우편 주문으로 유명해진 미국의 종합유통업체 시어스Sears, 석유 천연가스 석유화학제품 등의 브랜드를 소유하고 있는 다국적 기업 셸Shell 및 미국의 가정용 건축자재 제조 판매업체인 더 홈 데포The Home Depot와 같은 아이콘 브랜드에 8,800만 개의 계정을 제공한다.

출처: fuelmarketernews.com

2016년에 씨티 리테일 서비스는 소매업계에서 가장 성공적인 사설 레이블 카드 프로그램 중 하나가 되었고, 더 홈 디포The Home Depot와 는 장기 신용 카드 계약을 갱신하여 2020년 또는 그 이상의 중요한 파트너십을 확보했다. 또한 포드 자동차Ford Motor Company, 자동차 서비스 회사인 몬로 머플러 브레이크Monro Muffler Brake, Inc. 및 북미 최대 자동차 판매 업체 중 하나인 TBC코퍼레이션TBC Corporation과의 관계를 갱신하고 다양한 차량을 만드는 캐나다 회사 비알피BRP, 오토바이 제조회사 가와사키Kawasaki 및 상업용 주거용 정원, 조경유지관리장비 제조업체 토로 컴퍼니Toro Company와의 새로운 파트너 관계를 맺음으로써 자동차와 동력설비 부문에 진입했다. 또한 땡큐 리워즈, 씨티 Thank You Rewards, Citi의 우수한 보상 프로그램 제공 및 숍 유어 웨이 마스터Shop Your Way Master 카드 고객을 위한 포인트 적립을 통합하여 시어스 마스터 카드Sears Mastercard 고객에 대한 서비스 제공을 확대했다. 이러한 기업들과의 제휴를 바탕으로 2016년에 씨티 리테일 서비스Citi Retail Services는 구매 매출액이 800억 달러를 달성하였고 대출액은 연말에 470억 달러를 기록했다.

씨티뱅크의 성장에는 다양하고 광범위한 성공적 파트너십이 있다.

9. 비용구조(Cost Structure)

비용구조는 기업의 비즈니스 모델을 운영하는 과정에서 발생하는 모든 비용 및 자금조달Funding을 의미한다.

특정 비즈니스 모델을 선택하는 경우 비즈니스가 초래할 수 있는 모든 비용을 나타낸다. 신규 사업의 90%는 비용을 이해하지 못하거나 가치 제안에서 약속한 재화와 서비스를 창출하기 위해 취하는 조치 때문에 처음 3년 내에 실패한다. 일부 특정 비즈니스 모델에서는 비용이 가장 근본적인 문제일 수 있다. 하나의 성공적인 예는 최저가 항공사의 대명사인 사우스웨스트South West항공과 같이 비용절감에 완전히 초점을 맞춘 '노 프릴no frills' 항공사가 그렇다.

비용구조는 비즈니스 모델에 따라 전략적 의미가 상이하다. 위에서 언급한 저가항공 등과 같은 비용주도적 비즈니스 모델을 의미하기도 하지만 숙박비가 비싼 특급호텔 등과 같은 가치주도적 비즈니스 모델을 의미하기도 하여 비용구조전략에 따라 의미가 상이하다. 비즈니스가 요구하는 비용구조전략을 세울 때는 다음과 같은 질문이 중요하다.

비즈니스 모델에 내재한 가장 중요한 비용은 무엇인가?

어떤 핵심자원과 핵심활동이 가장 비용이 많이 드는가?

필요한 자금은 어떠한 방식으로 할 것인가? 내부조달 할 것인가, 아니면 외부조달 할 것인가? 라는 질문을 던지는 것이 중요하다. 비용구조의 요소에는 고정비와 변동비, 규모의 경제, 범위의 경제가 있다.

■ 고정비

인건비, 감가상각비, 금융비용, 임대료 등과 같이 생산량 증감과 관계없이 항상 일정액으로 발생하는 원가비용이다. 그러나 고정비는 영원히 동일하게 유지되지 않을 것이라는 점에 유의하는 것이 중요하다.

■ 변동비

재료비와 같이 회사가 생산하는 생산량에 크게 의존하는 비용이다. 이는 제품을 생산할 때 발생하는 비용으로 생산하지 않으면 변동비가 발생하지 않는다.

■ 규모의 경제

산출량이 증가하면 평균비용이 감소하는 것을 말한다. 즉, 생산량의 증가에 따라 단위당 생산비가 감소하는 현상을 말하며 규모의 경제는 대부분 대기업이 누리는 이점이다.

이것은 대기업이 크기, 생산량 또는 생산 규모로 인해 누릴 수 있는 비용 우위이다. 따라서 더 큰 회사는 소규모 회사보다 단위당 생산비용이 낮을 것이며 더 많은 시설을 가진 회사는 더 적은 시설을 가진 회사보다 더 많은 이점을 가질 것이다. 규모의 경제는 고정비를 낮출 뿐 아니라 시너지 효과를 창출하고 효율성을 제고함으로써 변동비를 줄이는 데도 도움이 될 수 있다.

대량 구매는 대량 생산의 일반적인 지표이며 자동으로 규모의 경제로 이어진다. 대량 구매는 종종 더 낮은 가격으로 이어진다. 대량 구매 시 협상력이 강해지며 원재료 가격을 낮출 수 있다. 이런 규모의 경제는 월마트가 가장 성공적으로 사용하는 전략으로 대량 구매를 통하여 상점의 품목에 대해 훨씬 낮은 가격을 협상한다. 그런 다음 이렇게 절감된 금액을 고객에게 이전하여 일반 품목의 시장 가격보다 저렴한 가격으로 제공할 수 있게 한다.

■ 범위의 경제

운영범위가 넓어지면 평균비용이 감소하는 것을 말한다.

많은 기업들이 한 제품보다는 여러 제품을 함께 생산하는 결합생산의 방식을 채택하면 생산비용을 절감할 수 있다. 다시 말하면, 회사가 생산하는 제품의 수를 늘리는 경우 평균 생산비용이 감소하는 것을 말한다.

기업은 마케팅, 재무 또는 인사 관리와 같은 모든 부서와 함께 이미 구조를 갖추게 되므로 회사는 범위를 넓히고 전체 구조를 절약할 수 있다.

제품 다양화를 기반으로 하는 범위의 경제는 다른 제품이 공통 프로세스를 갖거나 일부 리소스의 사용을 공유하는 경우에만 달성된다. 따라서 제품 또는 유통 채널 마케팅에 대한 지출은 두 제품 모두 유사한 마케팅 노력이 필요하거나 동일한 유통 채널을 사용하는 경우 단위당 줄일 수 있다. 제품 번들링 및 가족 브랜딩의 용도는 규모의 경제를 달성하려는 기업의 사례이기도 하다. 그러나 규모의 경제를 달성하고 측정하기가 쉬운 곳에서는 범위를 측정하려는 경제가 더 큰 어려움을 겪는다.

9.1 비용구조(Cost Structure) 유형의 사례

■ 무료로 사용하는 인터넷 전화 스카이프(Skype)

스카이프Skype는 VoIPVoice over Internet Protocol; 음성패킷망을 이용하여 인터넷이 연결된 컴퓨터나 개인 휴대 정보 단말기PDA, 스마트폰 등을 통해 무료로 영상 또는 음성 통화를 가능하게 해 주는 프로그램이다. 마이크로소프

출처: skype.com

트 윈도우, 리눅스, OS X, 윈도우 CE, iOS, 안드로이드, 윈도우 모바일용
등 다양한 운영 체제에서 사용할 수 있도록 개발된 무료인터넷 전화 프로
그램이다.

　　P2P 기반의 메신저 기능과 함께 인터넷 영상 전화와 음성 전화 기능
을 제공하고 있다. 비교적 느린 인터넷 속도에서도 안정적인 통화품질이
보장된다는 점이 장점이며 국가에 따라 제한은 있으나, 유료로 일반 전화
와도 통화할 수 있다.

　　스카이프는 주로 스카이프 크레딧이나 월간 구독을 통해 수익을 창출
한다. 회원 간 통화, 화상 통화 및 그룹 통화는 무료이지만 비사용자 통화
및 문자 메시지는 스카이프 크레딧이 필요하며 이런 프리미엄 기능은 저렴
한 요금으로 제공한다. 그룹통화는 최대 25인까지도 가능하다.

　　스카이프 사용자는 스카이프 계정을 통해 전 세계 어느 곳에서나 전화
를 받을 수 있다. 스카이프 사용자가 일반전화로 전화를 걸거나 전 세계
어디에서나 문자 메시지를 보내거나 스카이프 번호를 구입할 수도 있다.
스카이프 프로그램을 이용하기 위해서는 스카이프에 회원가입하고 소프트
웨어를 설치하면 무료로 다양한 서비스를 이용할 수 있다.

출처: skype.com

스카이프는 또한 'Skype To Go'를 제공한다. 'Skype To Go'는 휴대 전화 및 지상선에서 저렴한 국제 전화를 허용하는 서비스이다. 위치에 관계없이 'Skype To Go' 가입자는 자신이 구입한 지역 번호로 전화를 걸어 국제 전화 번호로 전화를 걸 수 있다. 예를 들어 런던에 있는 스카이프 사용자가 뉴욕 동료와 이야기하기를 원한다면 'Skype To Go' 연락처 목록에 뉴욕커New Yorker를 추가하기만 하면 된다. 시내 전화 번호는 스카이프에서 발급되며, 런던 전화국이 전화를 걸어 미국인과 전화를 걸 수 있다.

스카이프는 2005년에 미국의 이베이가 인수했다가 2013년에 마이크로소프트사가 85억 달러9조 5천억 원에 인수하였다. 인수 2년만인 2015년에는 매출 20억 달러2조 2,480억 원를 올리며 인수 당시 인수금액이 과한 것 아니냐는 우려를 다소 씻어냈다.

우리나라에서는 2011년 7월까지 옥션과 함께 운영했고, 이후로는 대성 그룹과 함께 운영하고 있다.

사실 인터넷 무료전화 서비스는 우리나라 기업이 세계 최초로 시작했었다. 정보통신 기업인 새롬기술이 다이얼패드라는 인터넷 무료전화 서비

출처: skype.com

스를 시작하였고, 1999년 10월에는 미국에 서비스를 시작했다.

다이얼패드는 인터넷을 통해 별도의 비용 없이 시외전화와 국제전화를 사용할 수 있는 서비스로 통화자의 PC뿐만 아니라 일반 유선전화 및 휴대전화로 전화를 걸 수 있는 획기적인 서비스였다. 별도의 가입비나 회비가 없이 무료 사용이 가능하며, 인터넷이 연결된 곳에서는 국내·외를 불문하고 24시간 이용이 가능했다. 자바 애플릿Java Applet을 이용하므로 별도의 프로그램을 다운 받거나 설치할 필요도 없었다. 다이얼패드 서비스는 정보통신기술의 효과적인 응용이라는 평가와 함께 미국 시장에 성공적으로 진출하였고, 2000년 8월에는 가입자가 총 1,000만 명국내 250만, 미국 750만 명을 확보하고 이후 최고 1400만 명까지 확보했었다. 인터넷 전화시장이 일반전화 사용의 60% 수준까지 확대되고 2004년에는 시장규모가 200억 달러약 22조 5천억 원에 이를 것이라는 예측이 나오기도 했었다.

하지만 그렇게 유망하던 기업은 나스닥 붕괴를 시작으로 국내에서도 코스닥 시장의 거품이 꺼지면서 인터넷산업에 대한 실망감이 번졌고 다이얼패드의 수익성에 대한 논란, 제품 품질에 대한 불만이 확산되면서 어려움을 맞았다. 이런 외부요인과 맞물려 마땅한 수익구조가 없던 다이얼패드의 수익성 논란에 대한 타계 방안으로 무료였던 인터넷 전화 서비스를 최초 30분만 무료이고 이후 요금을 부과하는 방식의 단순한 요금체계가 원인으로 꼽힌다. 무료서비스에서 유료서비스로 전환된 다이얼패드에 실망한 회원들은 떠나갔고 마땅한 수익구조를 찾지 못한 다이얼패드는 실패로 막을 내렸다.

이 실패했던 사업 아이템을 에스토니아의 스카이프 테크놀로지사는 비즈니스 모델 작동을 달리하여 비용구조를 개선하고 수익성을 확보하면서 성공시킨 것이다.

스위스의 식품회사인 네슬레 역시 7년간 적자에서 허덕이던 프리미엄 캡슐커피 네스프레소가 매출급성장을 이루고, R & GRoasted & Ground 커피시장에서 1위에 올라 설 수 있었던 것도 비즈니스 모델 혁신을 통해서였다.

아무리 좋은 사업 아이템이라도 비즈니스 모델을 어떻게 구축하고 혁신하는가, 비즈니스 모델의 구성 요소 간 적합성과 시너지를 어떻게 주느냐가 얼마나 중요한지를 말해준다.

스카이프의 성공을 보며 다이얼패드 실패의 아쉬움을 지울 수 없다.

산업의 종류와 업종을 불문하고
필요한 비즈니스 모델 혁신

스스로 잠식하지 못하면 잠식당한다 | 비즈니스 패러다임은 계속 변화하고 있다 | 비즈니스 모델을 혁신하지 않으면 지속 성장이 어렵다 | 비즈니스 모델 아이디어와 전략은 어디서, 어떻게 오는가? | '돈'만을 생각해서는 안 된다. 비즈니스 모델은 '혁신, 차별화, 경쟁력의 원천'이다 | 멕시코의 세멕스, 인도의 아라빈드 안과병원, 방글라데시의 그라민폰 | 집 없는 사람들이 집을 지을 수 있는 시멘트 계모임 | 글로벌 TOP의 수술 성공률을 보이는 인도의 아라빈드 안과병원 | 빈곤퇴치를 위한 전화기 | 지속가능한 비즈니스 모델을 구축하자!

스스로 잠식하지 못하면
잠식당한다

이제는 고인이 되어버렸지만 많은 사람들은 그를 기억한다. 그가 자신이 만든 회사에서 쫓겨나던 일, 회사로 다시 돌아와 1달러의 연봉을 받으며 애플을 다시 반열에 올려 놓았던 일, 프레젠테이션하는 모습, 끊임없이 변화하였던 스티브 잡스는 "스스로 잠식하지 못하면 잠식당한다"고 했다.

세계적으로 기업의 규모가 크고 작음과 상관없이 장수하는 기업들은 주기적으로 비즈니스 모델을 재편하고자 노력하고 있다. 위기를 맞은 기업들 중에는 비즈니스 모델의 재편으로 기업이 다시 살아남는 것은 물론 글로벌 기업으로 성장하는 경우도 있다.

비즈니스 모델을 혁신하려면 리더의 의지와 조직을 이루는 전 구성원들이 함께 동참하여 전사적이고 지속적으로 업무 시스템을 관리해야 한다. 비즈니스 모델의 혁신은 기술이나 프로세스, 제품 혁신보다 훨씬 중요한 기업 내부의 혁신으로 기업이 스스로 생존과 성장을 결정하는 모멘텀이라 할 수 있다.

비즈니스 패러다임은
계속 변화하고 있다

이제는 기업들의 전략 수립 과정에서 비즈니스 모델이라는 단어가 핫 이슈라 해도 과언이 아니다. 비즈니스 세상은 급변하고 있다. 때로는 따라가기가 버거울 만큼 너무 빠르게 급변하고 있다.

외식산업의 예를 들어보자. 어제까지만 해도 줄을 서 있던 인기있던 메뉴 아이템의 매장이 하루 아침에 사라지는 시대에 우리는 살고 있다. 먹는 장사는 망하지 않는다는 얘기는 옛날 옛적 호랑이 담배피던 시절의 이야기가 되어버린 지 오래다.

찰스 다윈의 이론대로 변화에 적응하지 못하면 살아남지 못한다. 비즈니스 세상은 한가하거나 여유롭지 않다. 잘 나가는 기업도 한 순간에 몰락하는 게 비즈니스 세상이다.

비즈니스 모델을 혁신하지 않으면 지속 성장이 어렵다

그렇다면 혁신이란 무엇인가? 혁신에는 기술의 혁신, 프로세스의 혁신, 제품의 혁신 등 여러 가지가 있겠지만 이보다 더 중요한 혁신은 비즈니스 모델의 혁신이다. 비즈니스 모델 혁신은 기업의 성장과 생존을 좌우한다. 비즈니스 모델의 혁신으로 인한 기업의 변화에 대해 예를 들어보자. 2012년 글로벌 음악 시장의 매출액 1위 회사는 어디일까?

바로 애플이다. 애플은 음악시장의 매출액 1위뿐만 아니라 카드 해외 결제를 가장 많이 발생시킨 회사가 되었다.

애플은 2007년 아이폰을 출시한 뒤 4년이 지난 2011년 4분기에 휴대폰 시장에서 시장점유율이 판매대수로는 9%에 불과했다. 하지만 시장매출 규모에서는 39%를 기록했으며, 특히 애플은 전 세계 휴대폰 업체들이 거둔 영업 이익 가운데 75%를 차지했다. 어떻게 9%의 휴대폰대수만을 판매하고 75%의 영업 이익을 올릴 수 있었을까? 그 이유는 아이폰의 가격이 여타 다른 스마트폰보다 4배 정도 비쌌던 이유도 있었지만 그것보다 애플은 아이튠즈라는 음원사이트를 만들어 여기서 음악을 검색하고 다운로드 하여 구매하는 새로운 비즈니스 모델을 만들었기에 가능했다.

2012년 1분기에 삼성전자는 애플과 비교할 수 없을 만큼 많은 휴대폰 물량을 판매했지만 영업 이익에서는 애플의 1/3정도의 수준에 그쳤다. 뉴스에서는 삼성전자가 휴대폰을 얼마나 많이 판매했으며, 영업 이익을 얼마나 올렸는지를 보도하고 휴대폰 판매 시장점유율 1위에 대해서 얘기했었다. 지금도 삼성전자는 애플보다 2배를 더 팔고 있지만 영업 이익은 따라가지 못한다.

애플의 아이폰에 앞선 성공 신화는 MP3 플레이어인 아이팟이었다. 당시 이 시장의 넘버원은 우리나라의 아이리버였다. 하지만 아이팟에 밀려 1위 자리를 내줬다. 이유는 단순히 아이팟의 디자인 때문만은 아니었다. 당시의 MP3라고 하면 하드웨어 기기라는 인식이 지배적이었지만 애플은 아이튠즈라는 음원사이트를 만들어 아이팟을 통해 여기서 음악을 검색하고 구매하는 새로운 비즈니스 모델을 만들었다. 아이팟은 이러한 비즈니스 모델의 혁신을 통해 글로벌 TOP에 등극했으며, 지금도 대중음악 시장의 3/4은 아이튠즈가 차지하고 있다. 다운로드한 음원 금액의 30%를 애플이 수수료로 가져가는 구조로 되어 있으며 애플의 아이튠즈가 해외 결제를 가장 많이 발생시킨 서비스인 이유가 바로 여기에 있다.

삼성도 애플의 아이튠즈와 같은 음원을 판매하는 음원사이트를 만들겠다고 2014년 뒤늦게 사업을 시작했다. 하지만 2016년 아시아 외 지역에서의 서비스를 모두 종료했을 정도로 성공을 거두지 못했다. 왜일까? 단순히 따라하고 모방하는 정도에서 그치는 비즈니스 모델은 혁신이 아니며 이미 다른 음원 사이트를 이용하고 있는 고객을 모셔오기에는 거의 불가능하기 때문이다. 모방하고 흉내 내더라도 그 이상의 전략과 다양한 장치가 있어야 한다.

비즈니스 모델 아이디어와 전략은
어디서, 어떻게 오는가?

모방을 하려면 어떻게 해야 하는 것일까? 모방의 모범적인 기업의 사례는 애플을 모방해 새로운 비즈니스 모델을 개발하여 성공을 거둔 대표적인 기업으로 샤오미와 스포티파이가 있다.

1. 중국의 '샤오미'는 카피캣일 뿐인가?

출처: Brunch.co.kr

'카피캣copycat'은 독창적이지 않고 남을 모방해서 만든 제품이나 기업을 비하하는 용어이다. 미투me-too 제품, 모방 기업이라고도 부른다. 중국의 '샤오미小米'는 애플의 카피캣이라는 유명세를 치르며 알려진 기업이다. 대부분의 사람들이 샤오미는 애플 아이폰을 모방한 스마트폰을 저렴하게 제조하는 회사라고 알고 있다.

애플의 운영체제인 iOS를 카피하여 만들었다거나 창업주 레이쥔의 스티브 잡스 옷차림뿐만이 아닌 프레젠테이션 스타일까지 모든 게 '애플 짝

퉁'이라는 논란이 있을 정도로 애플과 유사한 이미지와 제품을 만들어내며 성장했다. 하지만 샤오미는 애플의 카피캣이라는 꼬리표가 무색하리 만큼 8명으로 창업해 2011년 첫 제품을 출시한 후 2013년 휴대폰 시장에서 애플을 넘어 5위로 올라섰다.

2015년부터 단말기 판매 부진으로 매출성장에 제동이 걸리긴 했지만 2014년에는 휴대폰 단말기 판매 중국 1위, 세계 3위 스마트폰 업체로 성장했으며, 2014년 12월 기준 샤오미의 기업 가치는 100억 달러한화 약 11조 5천억 원를 돌파했다. 이는 중국의 대표 IT기업 레노버의 3배에 달하는 금액이다. 샤오미가 단순히 애플을 모방하기만 했다면 이처럼 높은 기업가치를 창출할 수 없었을 것이다. 애플을 뛰어넘는 견고하고 자신들만의 전략을 세워 놀라운 성과를 이뤄낸 것이다.

샤오미가 주목받는 가장 큰 이유는 제품 대비 저렴한 가격, 요즘 흔히 말하는 가성비가 좋아서일 뿐만이 아니라 서플라이 체인이나 고객관리 등 전반적인 프로세스를 전 세계에서 가장 잘하는 회사의 것을 벤치마킹하여 이를 자신들만의 것으로 독특하고 조화롭게 구성한 점이다. 그리고, 샤오미는 품질을 유지하면서도 저렴한 가격을 유지할 수 있도록 다양한 장치를 마련했다.

첫 번째, 먼저 유통비용과 광고비용을 줄여 제품가격을 낮추었다. 오프라인 유통을 없애고 자체 온라인 쇼핑몰에서만 주문을 받는 시스템을 채택하였으며, 신제품이 출시되면 샤오미의 자사 홈페이지와 쇼핑몰, SNS를 통해 알림으로써 미디어 광고비용을 매출의 1% 수준으로 줄였다. 삼성의 갤럭시가 매출의 5% 정도를 광고비용으로 사용하는 것에 비하면 굉장히 낮은 수치이다.

두 번째는 '헝거 마케팅Hunger Marketing', 즉 희소 마케팅 전략이다. 헝거 마케팅Hunger Marketing이란 갖고 싶은 물건을 당장 가질 수 없을 때 더 갖고 싶어하는 사람들의 심리를 이용한 마케팅 전술이다. 말 그대로 소비자를 배고프고 갈증나게 만드는 마케팅을 말한다. 제품의 희소성을 높여 소비자들을 배고픈 상태로 만들어 구매 욕구를 높이고, 입소문을 통해 잠재고객을 확산하는 마케팅 전략이라고 볼 수 있다. 외식업에서는 하루 정해진 양만 판매하고 더 이상 판매하지 않는 방식과 비슷하다.

상품의 공급부족 상태를 만들어 소비자들의 구매 욕구를 자극하고, 제품의 가치를 높이는 것이다. 샤오미는 1년에 한 모델만 출시하고, 한정 수량만 판매하면서 초도물량 완판기록을 이어갔다. 헝거 마케팅을 이용해 '싸지만 지금 안사면 못 산다'라는 이미지를 만들어낸 것이다. SPA브랜드인 의류회사 자라ZARA도 살까말까 고민하다가 다음에 가보면 없을 때가 있다. 있을 때 사자는 욕구가 발생하는데 이와 같은 맥락이다.

세 번째, 마지막으로 샤오미는 소프트웨어 개발에 적극적으로 액션을 취한다. 고객에게 친근하게 다가가고자 노력하며 샤오미의 운영체제 '미우이MIUI'는 이틀 동안 기획하고, 이틀 동안 개발하고, 이틀 동안 테스트해 일주일에 한 번씩 새로운 버전을 내놓는다. 창업주 레이쥔의 '샤오미는 하드웨어가 아닌 소프트웨어 기업'이라는 말을 확인할 수 있는 대목이다. 여기서 더 흥미로운 점은 업그레이드 과정에 고객의 목소리를 적극 반영한다는 것이다. '미펀'이라는 샤오미 유저 모임에 사용자들이 각종 오류나 개선을 원하는 점 등의 피드백을 올리면 샤오미는 이를 무시하거나 놓치지 않고, 다음 업그레이드에 대부분 반영한다. 샤오미에게 고객들은 소비자이자 개발자인 것이다.

2. 이제는 CD도 안사고, 다운로드도 하지 않는다. 그냥 틀어 놓을 뿐

스포티파이Spotify는 프리웨어freeware이다. 본래에는 무료로 이용하면 시간제한이 있었으나, 2014년 폐지되었다. 스포티파이Spotify는 스포티파이 Spotify 웹사이트에서 바로 다운받을 수 있다. 제공되는 곡들은 음반사들이 라이센스하여 합법적으로 제공한 것이다. 하지만, 사용자가 한 달 9.99유로

출처: Spotify.com

의 서비스 사용료를 내지 않는다면, 소프트웨어 상에 광고가 표시되며, 곡
과 곡 사이에 광고가 삽입된다. 가입자가 서비스 사용료를 냈다면, 가입자
는 자동적으로 "프리미엄 사용자" 상태가 된다. 프리미엄 사용자들은 특별
히 뉴스나 프리뷰를 들을 수 있다.

　사용자는 메이저 음반사들의 거의 모든 곡들에 접근할 수 있으며 레퍼
토리는 계속 추가되고 있다. 사용자는 장르, 음악가, 앨범, 발매년도 등을
가지고 검색할 수 있다.

　사용자들은 재생목록을 만들 수 있고 재생목록을 다른 사용자와 공유
할 수 있으며, 다른 사용자와 함께 수정할 수도 있다. 이를 위해, 재생목록
에 대한 링크는 직접 드래그되어 인스턴트 메신저나 전자우편 윈도에 끌어
다놓기도 가능하다. 메시지 수신자나 전자우편 수신자가 링크를 클릭하면
수신자의 스포티파이Spotify 클라이언트가 재생목록을 다운로드한다. 재생목
록 링크는 일반 링크가 사용되는 식으로 쓰일 수 있다.

　이 애플리케이션은 라스트 에프엠과 연동되어 있다. 인터넷 익스플로
러, 사파리, 파이어폭스 같은 브라우저에서 쓸 수 있는 라스트 에프엠 애드
온이 있다.

　곡에 대한 스트리밍뿐만 아니라 다운로드도 가능한데, 사용자는 곡을
다운로드하기 위해서는 요금을 내야 하는 시스템을 가지고 있다.

스포티파이Spotify는 애플이 시작한 음원 다운로드 서비스인 아이튠즈를 모방하여 음원 스트리밍 서비스를 제공하고 있다. 디지털 음원 시장에서 아직도 다운로드 비중이 스트리밍보다 높지만 머지않아 곧 역전될 것으로 전망된다.

비즈니스 모델이 좋다고 해서 글로벌 기업이 되는 것은 아니다. 또한 비즈니스 모델이 기업의 전략에 있어서 만병통치약도 아니다. 그렇지만 원가절감이나 저렴한 가격, 품질확보와 같은 남들도 대부분 가지고 있는 무기로만 싸우는 것과 같다. 가지고 있는 무기를 어떻게 더 효과적으로 튜닝하여 보다 효과적으로 사용할 수 있도록 개선하는 것이 바로 새로운 비즈니스 모델의 개발이다. 비즈니스 모델을 통해 비즈니스를 보는 시각이나 비즈니스에 대한 전략적인 영감을 얻을 수 있기 때문이다.

'돈'만을 생각해서는 안 된다.
비즈니스 모델은 '혁신. 차별화. 경쟁력의 원천'이다

비즈니스 모델이라고 하면 대부분의 사람들은 수익모델 창출을 위한 도구로만 생각하는 경우가 있다. 비즈니스 모델에서 말하는 본질은 시작부터 '돈'만 생각하고 비즈니스를 바라보면 혁신의 길이 보이지 않는다는 것이다. 돈을 생각하지 말라는 것이 아니다. 기업은 이윤을 창출해야 하는 집단이며 매출과 이윤을 생각하지 않으면 안 된다. 돈을 생각하되 돈과 더불어 보다 더욱 의미있는 인간중심, 사회, 환경과 같은 공헌 등을 비즈니스의 큰 그림으로 넣어 접근하면서 비즈니스 모델 전략을 세우는 것이 바람직하다는 것이다.

이렇게 비즈니스 모델을 혁신하는 이유는 무엇인가? 비즈니스 모델의 혁신 또는 비즈니스 모델의 디자인은 조직이 더 큰 가치를 창출하고, 더 큰 가치를 전달하며, 더 큰 가치를 획득하기 위한 일련의 접근방법이며, 기존에 해오던 사업의 비즈니스 모델을 재편하는 것과 신규 사업의 비즈니스 모델을 개발하는 것이 비즈니스 모델 혁신의 주요 내용이며 지속 가능한 비즈니스 모델을 만들어 낸다.

1. 새로운 비즈니스 모델의 9개 기본 패턴과 25개의 서브 패턴

9개의 기본 패턴은 융합형, 개방형, 네트워크, 롱테일, 플랫폼, 공유경제, PSSProduct Service System, 무료형, TBLTiple Bottom Line 등이다.

이 가운데 트리플 보텀 라인의 TBLTiple Bottom Line 비즈니스 모델은 경제적 성과, 사회적 성과, 환경적 성과를 중시함으로써 공동체와 사업의 지속가능성을 조화시키는 유형이다.

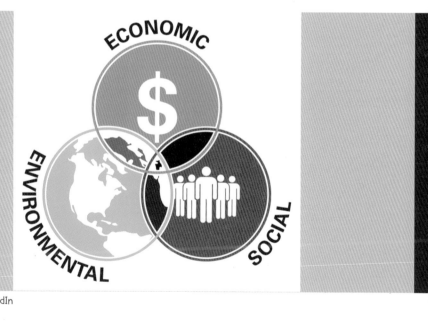

출처: LinkedIn

145

세계환경개발위원회에서 '미래 세대의 욕구를 저해하지 않으면서 현 세대의 욕구를 충족시키는 발전'이라고 정의한 지속가능발전Sustainable Development의 3요소인 경제성장, 사회안정, 환경보전을 기업 경영에 대입한 비즈니스 모델이란 점에서 큰 의미가 있다.

혁신적인 TBL(Tiple Bottom Line)
비즈니스 모델 사례를 통한 아이디에이션

멕시코의 세멕스, 인도의 아라빈드 안과병원,
방글라데시의 그라민폰

전 세계의 경영 리더들이 CSV Creating Shared Value에 주목하면서, 해외뿐만이 아닌 국내에서도 많은 기업들이 저마다 공유 가치를 실현하거나 창출하고 있다고 주장한다. 하지만 그 내용들을 조금만 들여다보면 원래의 '공유 가치' shared value와는 상당한 거리가 있다는 점을 종종 발견하곤 한다. 공유 가치란, 사회적 이슈나 문제에 대해 개선과 발전을 이루어내는 데 기여하는 사회적 가치와 실제 재무제표 상 수치로 나타나는 분명한 경제적 가치를 함께 만들어내고자 계획된 경영전략 활동의 의도적인 결과물이지, 기업을 둘러싼 이해 관계자들에게 선의를 더 베푸는 활동이 아니다. 또한 사회적 가치 창출과 분명한 연결고리 linkage가 부재한 비즈니스 활동을 일컫는 개념이 아니다. 본 글에서는 이러한 점을 염두에 두고 '트리플 보텀 라인의 TBL Tiple Bottom Line 비즈니스 모델'에 부합하는 비즈니스 혁신을 통해 저소득층의 주거와 의료, 경제라는 사회적 문제의 개선을 이루어낸 3가지 사례를 살펴보도록 하겠다.

집 없는 사람들이 집을 지을 수 있는
시멘트 계모임

세멕스CEMEX는 세계적인 건축 자재 공급 및 시멘트 생산 기업이다. 1990년대까지 나라에서 법적으로 보호 받는 환경에서 안정적으로 사업을 영위하며 가격만으로 경쟁하면서 시장 점유율 65% 이상을 누리고 있는 기업이었다. 그러나 90년대 들어 나라에서 보호해주고 있던 법적인 보호 장치들이 사라지고 다국적 기업들과 가격 외의 다양한 경쟁 요인에 함께 노출되는 상황에 이르렀다.

이와 더해 1994년~1995년에 있었던 멕시코의 경제 위기로 인해 세멕스는 전체 매출의 큰 부분을 차지하는 내수 시장에서 큰 타격을 맞았다. 이 중 기업 고객매출이 50%나 급감하면서 어려움을 겪게 되었다.

시멘트의 수요가 줄어들자 기업 고객은 경기에 민감하다는 단점이 있는 반면 개인 고객은 경기에 크게 민감하지 않다는 것을 파악한다. 멕시코는 우리나라와 달리 직접 집을 짓는 경우가 많은데 세멕스는 자가건축 고객 분야의 매출은 10~20%의 비교적 적은 감소폭을 보인 것을 파악하고 기업 고객에 대한 매출 편중을 줄이고, 고객 분야를 고르게 가져가는 보다 안정적인 사업 전략이 필요하다는 교훈을 얻는다.

하지만 자가건축 고객 거의 대부분이 멕시코의 저소득층이며, 멕시코 인구의 60%가 일일 소득이 5달러 미만인 상황에서 자가건축 고객 분야에 대한 사업 전략을 어떻게 구상하고 실행해야 하는지는 경영진들에게 여전히 풀기 힘든 숙제였다.

이러한 위기 상황 속에서 새로운 돌파구를 위한 전략 과제를 받아들이고, 경영진은 '기업 고객과 자가건축 고객'에 대한 약 1년 간의 세밀한 시장 조사매출, 결재, 수요, 브랜드 인식, 성장도, 고객위치와 고객관계를 지시하였고, 이를 통하여 세멕스는 전략 구상과 실행에 있어 자가건축 고객에 대한 내용들을

출처: Cemex.com

파악한다.

자가건축 고객 분야는 멕시코 시멘트 전체 소비량의 약 40%를 차지하고 있으며, 연간 5억~6억 달러 수준의 시장으로 성장할 것으로 점쳐지고 있다는 것. 하지만 이들 대부분의 주거 환경은 그 질이 매우 낮아 평균적으로 6명에서 10명에 이르는 가족이 질 낮은 벽돌 혹은 녹슨 철판이나 골판지 등으로 지어진 방 하나의 주택에서 함께 사는 수준에 이른다는 것과 이러한 환경은 가족 간의 불화와 아이들의 가출과 같은 또 다른 사회적 문제를 연쇄적으로 야기하고 있었다.

스스로 집을 짓는 자가건축 저소득층 가정들을 주요 고객으로 재인식하는 것은 결국 이들의 수요와 관련된 사회적 문제를 분명하게 파악하는 작업을 필요로 한다는 것을 깨달은 세멕스는 이를 통해 전략 구상과 실행에 있어 몇 가지 중요하게 고려하여야 하는 점들을 도출한다.

첫 번째는 이들이 신용과 금융 서비스에 대해서는 꿈도 꾸지 못하며 접근권이 전무하다는 것이었다. 일반적인 저축 예금을 영위할 수 있는 안정적이고 충분한 소득을 올리지 못하므로 멕시코의 저소득층은 우리나라의 계와 유사한 "Tanda"라는 방식의 공동 저축을 통해 돈을 모은다는 것이다.

두 번째, "Tanda"라는 방식의 공동 저축 방식은 적절한 수입과 지출의 관리나 예측이 가능하지 않아 이러한 저축 방법이 결국 다른 문제들의 근본 원인이 된다는 것이다. 꾸준히 구매력을 비축하지 못하기 때문에 주택을 짓고 있다가도 시멘트가 떨어지거나 다른 자재가 부족해지면 필요한 재료를 바로 구매하지 못하여 공사의 진행이 끊기고 전반적인 관리가 소홀해지며 이 과정에서 자재가 상하거나 도난당하는 경우가 발생한다는 것이다.

결과적으로는 실제로 한 가족이 하나의 방을 짓는데 4년이나 걸리고, 네 개의 방을 가진 주택을 완성하려면 평균 16년이 걸리는 주택 완성과 같이 지나치게 오랜 기간이 소요될 뿐만 아니라 주민들 스스로 집을 짓다보니 구매력 문제가 아니더라도 이들 스스로 효율적 자재 관리가 어렵고, 완성된 주거 환경의 수준 또한 질적으로 떨어지는 문제가 발생한다는 것을 파악했다.

세멕스는 이러한 문제를 풀 수 있는 사업전략으로 1998년 '오늘을 위한 기금Patrimonio Hoy'이라는 프로그램을 시행한다.

출처: patrimoniohoy.com.mx

이 프로그램에 가입한 고객들은 주택 건설을 할 때 세멕스를 통하여 담보 없이 고정금리로 대출을 지원받을 수 있으며, 수입을 저축할 수도 있다. 일반적으로 저소득층에 대한 금융지원 서비스가 대출 혹은 저축만 지원하는 데 비해 '오늘을 위한 기금Patrimonio Hoy'이라는 프로그램은 이 둘을 동시에 가능하게 하였다. 이 프로그램의 운영은 기존 저소득층 주민들의 계와 같은 방식인 'Tanda' 방식을 활용하여 세 가정을 한 그룹에 묶고, 각 그룹의 가정이 돌아가면서 동일한 금액을 매주 소액 상환하는 방식으로 이루어진다.

그리고 세멕스는 '오늘을 위한 기금Patrimonio Hoy' 프로그램에 참여하는 유통업자들에게 세멕스와 독점 계약을 맺는 것을 조건으로 내걸고, 일반적인 건설 자재 평균 유통 마진 15%를 12% 수준으로 떨어뜨린다. 3% 정도의 떨어진 유통 마진 손실은 독점계약을 통하여 시멘트 뿐만 아니라 최고 45%까지 높은 마진이 발생하는 모래와 자갈 같은 기타 건축 자재에 대한 꾸준한 수요를 통하여 보상이 될 수 있도록 하였다. 그렇다 보니 유통업자들은 프로그램에 높은 참여의사를 보였고 이러한 유통업자들과의 관계를 바탕으로 세멕스는 프로그램에 참여하는 가정들이 구매하는 자재의 품질 보전과 안전한 보관 뿐만 아니라 적정 시기의 공급과 배달을 가능케 하여 이들이 기존에 겪었던 문제들을 해결해 주었다.

그리고 이러한 비즈니스 모델에서 더 나아가 세멕스는 'Cell'이라는 단위를 개발한다. Cell은 약 2만 가구로 구성된 커뮤니티 또는 5천 명의 고객을 목표로 하여 나눈 지역을 의미한다. 본사는 한 cell에 대해 1명에서 4명의 관리자를 배치하는데. 이들은 건축가, 엔지니어, 기술 어드바이저, 자재 공급자와 같은 전문가들로 구성하여 이들 전문가들이 프로그램에 가입한 저소득층 가정이 보다 질 높은 주거환경을 완성하는 데 필요한 다양한 지원을 아끼지 않는다. 예를 들어 건축 기술 자문, 자재 관리 팁, 시공 스케줄 관리 등의 서비스를 정기적으로 제공한다.

이와 더불어 세멕스는 각 cell에 8명에서 12명까지의 각 해당 지역사회에서 원만하고 넓은 대인관계를 가진 개인을 프로모터promoter로 선발하여 프로그램 홍보대사 역할을 하도록 하였다. 이 프로모터는 각 가구를 방문하여 입소문을 내는 프로그램의 홍보 대사이자 판매원이며, 이들로 인하여

출처: Guia Mexico

프로그램에 참가하는 가구 수 성과에 따라 소정의 보수도 지급한다.

세멕스의 'Patrimonio Hoy'는 하버드대 경영학과 마이클 유진 포터 교수가 2011년 『하버드 비즈니스 리뷰』에서 CSVCreating Shared Value 개념을 발표하기 훨씬 이전부터 시작된 프로그램으로 효과적으로 공유가치를 창출한 전략 활동으로 그 가치를 인정받고 있다.

'돈' 없는 개인들에게 B2C 방식으로 시멘트 판매를 시도하고 주택 건축 작업이 진행되는 동안에는 시멘트 가격이 올라도 프로그램에 참여하는 사람들에게는 기존의 가격으로 시멘트를 제공했다. 세멕스는 이 프로그램을 시행한 지 3년 후에 약 4만 명의 고객을 확보했고 1천만 달러 이상의 수익을 올릴 수 있었으며 멕시코의 집 없는 수십만 가구가 세멕스의 이 프로그램에 참여해 집을 지었다. 세멕스는 이러한 전략을 통하여 새로운 건축 수요를 창출하고 사회공헌에 힘입어 국민 기업으로 거듭나면서 글로벌 기업으로 성장하였다.

세멕스는 현재도 가난한 사람의 집을 지어주는 사회적 활동을 하고 있으며 현재 세계에서 두 번째 시멘트 회사로 발돋움 하였다.

출처: patrimoniohoy.com.mx

글로벌 TOP의 수술 성공률을 보이는
인도의 아라빈드 안과병원

인도의 아라빈드 안과 병원은 1976년 인도의 의사 고빈다파 벤카타스와미에 의해 세워졌다. 가난한 사람들이 돈이 없어 수술하지 못하고 시력을 잃는 것을 본 그는 11개의 병상을 가지고 조그만 건물 하나로 시작하여 현재는 전 세계에서 가장 생산적이고 큰 안과병원으로 성장하였다.

아라빈드 안과병원의 특징은 치료비를 지불할 능력이 있는 환자들이 더 가난한 환자들을 위해 무상진료를 재정적으로 지원하는 시스템을 도입하였다.

이런 시스템 도입이 재정적인 어려움과 파산으로 이어질 것이라는 우려에도 불구하고 30여 년이 지난 지금은 매년 250만 명이 넘는 외래환자를

출처: Aravind.org

치료하였고, 30만 건 이상의 백내장 수술을 하며 큰 수익을 거두고 있다.

아라빈드 안과병원의 성공이 의미있는 이유는 65%에 가까운 환자들을 무료로 수술해주면서 40%가 넘는 수익을 내고 있는 데 더 큰 의미가 있다.

아라빈드 안과병원의 이러한 성공에는 병원시스템과는 전혀 무관할 것 같은 다른 비즈니스에서 시스템의 영감을 얻었다.

설립자 고빈다파 벤카타스와미는 치료를 원하는 사람들의 경제여건과 상관없이 치료를 원하는 사람이라면 받을 수 있어야 한다는 사명을 가지고 설립하였지만 병원의 이윤 없이는 가난한 사람들을 지속적으로 치료해줄 수 없다는 현실을 직시하고 돈버는 자선을 어떻게 실현해야 할지 고민을 하였다. 고빈다파 벤카타스와미가 미국을 방문하게 되었을 때 햄버거 체인인 패스트푸드 전문점 맥도날드의 표준화된 대량생산 시스템을 보고 병원시스템의 영감을 얻었다. 맥도날드의 표준화되고 분업화된 대량생산 시스템이 원가를 절감하고 저렴한 가격의 제품을 고객에게 판매할 수 있다는 것을 보고 의료서비스에 있어서도 시스템을 표준화하고 분업화 한다면 수술원가를 내릴 수 있고 그로 인해 가난한 사람들에게 무료로 또는 저렴한 가격에 치료 혜택을 줄 수 있다고 생각하였다. 그렇게 병원에 도입한 시스템이 컨베이어 진료시스템이다.

보통의 병원들은 수술실에 수술침대가 1개, 많아야 2개 정도이지만 아라빈드 안과병원의 수술실에는 여러 대의 수술침대가 있고 이곳에서 마치 컨베이어 벨트가 돌아가듯 의사들이 의자를 돌려가며 환자들을 연이어 수술하는 시스템으로 수술이 진행된다. 집도의는 환자 한 명의 수술을 마친 뒤 곧바로 의자를 돌려 옆 수술대에 대기 중인 환자의 수술을 계속한다. 수술 뿐만이 아니라 진료 과정 전체 역시 분업시스템을 도입하여 최종 진단을 제외한 단순한 의료검사에는 임금이 낮은 인력을 배치하고, 고급인력인 수술 집도의들이 낭비하는 시간 없이 수술할 수 있도록 환자들을 대기시켜 놓았다가 바로바로 투입하는 시스템을 도입하였다.

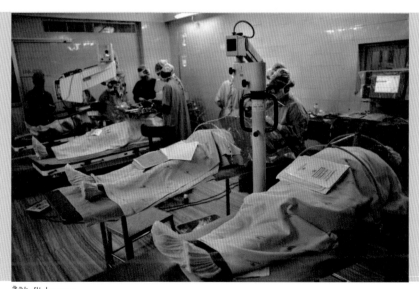

출처: flickr.com

이 같은 '표준화된 컨베이어와 같은 대량수술 시스템'을 통해 아라빈드 안과병원은 여러 가지 효과를 얻는다. 우선, 의사 한 명이 하루에 치료할 수 있는 환자 수가 일반적인 병원과는 비교할 수 없을 만큼 많으며, 실제로 보통의 병원에서 의사 한 사람이 한 해에 백내장 환자 250~400명을 수술하는 데 비해, 아라빈드 안과병원에서는 의사 한 사람이 한 해에 백내장 환자 2,000여 명을 수술한다. 여기에 전체적인 분업 시스템을 통해 초기 의료검사를 위한 인건비를 낮추고 병상과 같은 재료를 가장 싼 가격에 해결하며 비용 절감 효과를 거둔 것이다.

　　이 같은 '표준화된 컨베이어 대량수술 시스템'은 의사가 환자를 꼼꼼히 살펴보지 못하여 의료사고가 발생할 것이라는 우려와 논란이 제기되었다. 그리고 수술과정에서 비효율을 없애는 것도 중요하지만, 컨베이어 벨트 방식의 수술을 계속 하는 모습이 비인간적일 수 있다는 것이었다. 하지만 오히려 이 시스템을 통해, 아라빈드 안과병원의 의사들은 더 많은 환자를 돌볼 수 있으며 의사들은 수술 숙련도가 높아져 여느 일반 병원보다 수술실패율이 훨씬 낮으며, 수술시간도 훨씬 짧아졌고 세계적으로도 그 실력을 인정받았다.

　　이런 아라빈드 안과병원만의 시스템과 함께 렌즈를 비롯한 핵심 부품이나 도구는 최고의 품질만 사용하는 것 또한 눈여겨봐야 할 부분이다. 백내장 수술을 위해서 필요한 인공수정체는 약 100달러 정도인데 일인당 국민 소득이 430달러 수준인 인도에서는 이와 같은 높은 비용을 지불할 수 있는 이들은 극히 일부에 불과하다. 아라빈드 안과병원은 이 같은 인공수정체의 비용을 낮추기 위하여 기술 개발에 투자를 아끼지 않고 있다. 아라빈드 안과병원은 미국 아소카 재단 지원을 받아 데이비드 그린이 1992년 세운 '오로랩'은 한 세트에 150달러 하는 인공수정체를 단 10달러로 줄이며 세계적으로도 많은 주목을 받은 바 있다. 그 덕분에 아라빈드 안과병원은 미국에서 1800달러에 달하는 백내장 수술비용을 18달러로 크게 낮출 수 있었다.

　　아라빈드 안과병원에서는 소득이 낮은 가난한 사람들에게 무료로 치료나 수술을 해주고 있다. 그리고 환자들은 치료비나 수술비를 지불할지 안

할지를 스스로 결정한다. 무료진료를 원하는 환자나 유료진료를 원하는 환자 모두에게 소득 증명서를 요구하는 일은 없다. 환자가 스스로 진료 가격을 결정한다면 모두가 무료진료를 받겠다고 하지 않을까 생각이 들지만 실제로는 많은 사람들이 소득증명서를 요구하지 않아도 유료진료를 선택하고 있으며, 그 결과 해마다 꾸준히 40% 이상의 영업이익률을 올리고 있다.

아라빈드 안과병원의 환자 가운데 47%에게는 무료로 치료와 수술을 해주고 있으며, 18%에게는 원가보다 싸게, 그리고 35% 환자가 지불한 치료비와 수술비용으로 병원을 운영하고 있다.

부자와 가난한 사람들에게 '이원적 가격정책'이 가능한 이유는 '기술혁신'과 전혀 무관할 거라고 생각했던 이異업종에서 시스템을 벤치마킹한 '비즈니스 모델 혁신'에 있으며, 세계 최고 수준의 의료 서비스 품질을 보장함으로써, 부자들이 아라빈드 안과병원을 스스로 찾아오게끔 만드는 것이었다. 실제로 설립자 고빈다파 벤카타스와미는 병원에서 벌어들인 모든 수익을 병원 시설을 확충하는 데 사용하고, 보다 저렴하고 품질 좋은 기술을

출처: KarmaTube

개발하는 데 투자를 아끼지 않았으며 2006년 고빈다파 벤카타스와미가 사망한 이후 현재까지도 진행형이다.

빈곤퇴치를 위한
전화기

출처: grameenphone.com

방글라데시는 세계에서 손꼽히는 최빈국이다. 1인당 국민소득이 800불이 조금 넘는, 채 1,000불이 되지 않는 가난한 나라다._{한국} 1인당 국민소득 약 28,000불

가난한 마을에 살고 한 달에 몇 만원밖에 벌지 못하는 사람들이 핸드폰을 구입하고 그것을 통하여 조금이라도 가난에서 벗어나고 경제활동에 도움이 될 수 있게 하려면 어떻게 해야 할까? 그리고 기업은 이런 가난한 사람들에게 핸드폰을 통하여 그들이 필요한 것을 얻도록 사회공헌활동도 하면서 이윤 또한 어떻게 창출할 수 있을까?

방글라데시 출신 은행가 이크발 콰디르Iqbal Quadir는 미국에서 투자은행가가 되기 위하여 노력하고 있었다. 컴퓨터를 통한 네트워크로 연결된 동료가 여러 명 있었고 그들은 그것을 통하여 서로 필요한 정보를 주고 받았다. 그러나 한번은 네트워크에 이상이 생겼고, 그 일이 그의 1971년 어릴

적의 어느 날을 상기시켰다.

당시 방글라데시는 전쟁 중이었고 이크발 콰디르는 가족들과 함께 위험한 도시를 떠나 조금 더 안전한 시골로 옮겨갔다. 한번은 어머니가 동생의 약을 구해오라고 하여 오전 내내 16킬로 정도의 거리를 걸어서 약사에게 갔지만 그곳에 약사는 없었고, 오후 내내 걸어 돌아왔던 기억이 떠올랐다. 네트워크가 이상이 생긴 그 날, 뉴욕의 높은 건물 안에 앉아서 이 두 가지의 비생산적인 날의 경험을 같이 나열해 놓고 생각하여 얻은 결론은 '원칙적으로 연결은 생산'이라는 것이었다.

초고층 빌딩 안의 현대적인 사무실이나, 미개발 동네나 마찬가지라는 당연한 결론의 추리를 하게 된다. 즉, 선진국이건 저개발국가건 어느 곳에서나 접속성은 곧 생산성과 연결된다는 결론에 도달한다.

그리고 방글라데시 농촌의 농부들은 농산물 정보를 알기 위해 시장까지 13km나 되는 거리를 걸어 다닌다는 사실과 농작물 시세를 정확히 알 수 없어 중간 유통업자들이 시세를 속여 농산물을 착취한다는 사실에서 문제를 발견한 그는 방글라데시 농촌 농부들이 농산물 정보를 손쉽게 알 수 있게 연결수단으로 여러 가지 대안을 생각해서 내린 효과적인 결론이 전화라고 판단한다.

이러한 개인 경험으로 그의 고국 방글라데시의 저개발의 주요 원인 중 하나는 사람들이 서로 연락이 되지 않는다는 이유로 너무도 많은 시간을 낭

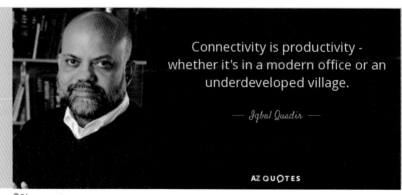

Connectivity is productivity -
whether it's in a modern office or an
underdeveloped village.

— *Iqbal Quadir* —

AZ QUOTES

출처: azquotes.com

비하고 있다는 것을 발견하고 전화는 빈곤과 싸우는 무기라고 생각하게 된 것이다.

그리고 만약 그것이 사실이라면, 방글라데시에는 전화가 과연 몇 대가 있었냐는 것이었다.1990년대 당시. 그 당시 방글라데시에 전화는 500명당 1대씩 있었다는 것을 알아낸다. 그리고 그마저도 몇 개의 도시에만 있었으며 1억 5천만이 넘는 인구 중 1억 명 이상이 사는 시골에는 단 한 대의 전화도 없었다.

이크발 콰디르는 자신이 어릴 적 동생의 약을 구하러 갔다가 하루를 낭비했듯이, 1억의 인구가 한 달에 하루씩, 그 많은 사람들이 몇 달 몇 해를 낭비했을지, 얼마가 되었던 엄청난 자원을 낭비한 것을 생각하게 된다.

가난한 나라나 부유한 나라나 같은 조건은 하루 24시간인데 부유한 나라와 비슷한 조건인 그 귀한 자원을 잃어버린다는 것은 정말 큰 손실이 아닐 수 없다고 생각하게 된다. 그리고 이크발 콰디르는 연결성이 생산성을 올린다는 사실적인 근거를 찾아낸다.

제네바에 있는 세계 통신조합에서 만든 도표가 그것인데, 그 도표는 흥미로운 사실을 보였다. 미국이나 영국같은 부유한 선진국에서 전화기 한 대의 추가적인 효과는 아주 미약하지만 가난한 나라, 일인당 생산량이 500불 혹은 300불인 곳에서의 전화기 한 대는 그 효과가 6000불 혹은 5000불과 같이 10배 이상의 엄청난 효과를 낸다는 것을 찾아낸다.

그리고 중요한 질문을 던진다. '방글라데시에서는 전화기 한 대 설치하는 비용이 얼마일까?', 그 답은 2천불이었다.

2천불을 들여 전화를 설치하고, 사용기간이 10년이라 가정하면 매년 5천불의 효과, 10년이면 총 5만불의 효과가 있으니 전화기는 사람들이 당연히 가져야 하는 물건이었다.

그리고 디지털혁명으로 인해 전화 설치비가 떨어진다면 그 결과는 더욱 대단할 것이라 생각했다. 하지만 방글라데시의 대다수 농촌들에는 유선전화케이블이 설치되지 않았으며 유선전화케이블을 설치하기 위해서는 많은 비용투자와 적자를 감수해야 하는 문제가 있었다. 그러한 문제점을 해결하는 방법으로 생각해낸 것이 유선전화케이블 대신 무선전화, 즉 휴대전화를 사용하는 것이었다.

아담스미스의 전문화는 생산력을 늘린다는 이론을 토대로 이크발 콰디르는 농촌의 농민들을 연결하는 데 있어 어떻게 전문화를 할 수 있을까를 고민한다. 이크발 콰디르는 방글라데시와 뉴욕을 오가며 이 문제에 대해 연구하기 시작한다. 방글라데시에 충분한 숫자의 전화기가 없는 이유 중 하나는 구매력이 없다는 것이었고, 더욱이 가난한 사람은 실제 구매능력이 없다는 것이었다. 하지만 전화기가 생산도구라면 구매력이 문제가 되지 않을 것이라고 생각했다.

예를 들어 미국에서 사람들이 아주 적은 금액의 선수금만을 내고 자동차를 할부로 구매한다. 사람들은 그 차를 타고 일을 하러가며 그 일은 수입으로 이어지고 그 수입으로 차 값을 지불한다. 차가 자기 차 값을 벌고 생산력을 올린다는 것에 착안하여 전화가 생산도구라면 구매력에 대해 크게 걱정하지 않아도 된다는 생각을 하게 된다.

하지만 그것이 사실이라 해도 가난한 농민들의 전화기에 대한 처음 구매력이 문제였다. 그리고 나누어 쓰는 방법은 없을까? 하고 스스로에게 질문을 던진다.

미국에서 많은 사람들이 은행 서비스가 필요하지만 그렇다고 모든 사람들이 은행을 사는 것은 아니며 극소수만이 은행을 사듯이 은행은 동네 전체를 서비스 한다는 것이다. 그래서 전화도 그럴 수 있다고 생각했다.

그리고 이러한 새로운 프로젝트를 실행하려면 이것을 적용할 적합한 구조가 필요했다. 하지만 방글라데시의 가난한 농촌에는 필요구조가 없다는 것이 문제였다.

그러다 당시 1,100개의 지점과 12,000명의 직원, 230만 명의 고객을 가진 가난한 사람들에게 무담보 소액대출을 해주는 그라민 은행이 이크발 콰디르의 관심을 끈다. 그라민 은행은 많은 지점망을 갖추고 있었고 이크발 콰디르는 무선전화 중계탑을 세워 네트워크를 만들 수 있다고 생각한다. 그리고 그라민 은행을 찾아가 지점들의 연결로 관리가 더 효율적일 수 있다고 제안을 한다. 하지만 그라민 은행은 전화가 없는 사회에서 조직된 분산적 조직이어서 그런지 그들은 모든 지점을 연결시키는 일에 별로 적극적이지 않았다. 그래서 이크발 콰디르는 그들이 정확하게 무엇을 하는지에 집중하였다. 그 시스템을 파악해보니 가난한 사람들에게 무담보 대출을 해주는 조건이 있었다.

" 그라민폰 비즈니스 모델 작동 시스템 "

실례로 마을의 여성에게 대출을 해주면, 그 대출금으로 젖소를 사야하는 조건의 무담보 대출이었다. 그 젖소에서 우유를 생산하여 마을 사람들에게 판매하고 대출금을 갚아 나가는 방식이었다. 이런 방식에서 이크발 콰디르는 휴대전화가 젖소를 대신 할 수 있다는 것을 깨달았다. 어떻게 해서든지 마을 여성이 은행에서 200불을 빌려 전화를 사서 마을 사람들에게 전화를 쓰게 한다면 그것이 그녀의 사업이 될 수 있다고 생각했다.

그리고 이러한 내용을 그라민 은행에 제안한다. 은행은 얼마간 검토한 후에 좀 엉뚱하긴 하지만 논리적이라는 이야기를 하며 실행가능하다면 와서 이루어 보라고 한다.

이크발 콰디르는 뉴욕의 직장을 그만두고 고국인 방글라데시로 돌아온다.

그리고 전화를 이용한 고국의 빈곤퇴치를 위해 그는 뉴욕에 기반을 둔 고노폰Gonofone이라는 회사"대중을 위한 전화"라는 벵골어를 엔젤투자자들로부터 투자받아 설립한다. 고노폰 설립 후 기술을 제공할 이동통신사를 찾기 위해 전 세계를 누비지만 가난한 나라에서 그것도 가난한 사람들을 대상으로 휴대폰을 팔겠다는 이 사업모델은 번번히 거절당한다.

그렇게 백만마일약 1,609,000㎞을 누빌 때쯤 이크발 콰디르의 비즈니스 모델의 가치를 알아본 노르웨이의 선도적인 통신회사인 텔레노Telenor와 글로벌 컨소시엄을 조직하게 된다. 텔레노가 기술을 제공하고 그라민 은행이 휴대전화 구입을 위한 대출과 서비스를 제공하는 구조를 갖추어 가난한 농촌에 휴대전화를 보급하게 되는 그라민폰을 설립하게 된다.

출처: grameentelecom.net.bd

그라민폰 보급 이후 방글라데시 가난한 농가의 삶은 획기적으로 변한다. 대출을 받아 휴대전화를 구입하여 운영하는 여성은 소위 마을에서 전화 아줌마로 불리며 휴대전화로 공중전화와 같은 서비스를 한다. 마을전화 아줌마는 통화료 수입으로 하루에 몇 달러씩을 벌게 되면서 생활이 나아졌다. 마을에 전화가 설치되자 의사소통이 활발해지고 사람들은 직접 전화를 구입하는 수요가 늘어났다.

농산물 시세를 알아보기 위해 먼 거리를 오고 가던 시간을 아낄 수 있는 것은 물론, 더 나아가서 농산물 가격에 대한 정보를 사실 그대로 공유할 수 있게 되면서 정보 격차의 문제를 해소했다. 기존에는 중간 유통상인들이 가격 정보를 속여 농민들은 농작물을 헐값에 팔 수밖에 없었지만 이제는 농민들끼리 농산물 가격 협상을 하여 제 가격을 받을 수 있게 되었고 생활이 향상되었다.

그 결과 그라민폰 프로젝트로 인하여 350만 명이 사용할 수 있는 11만 5천 개의 전화가 보급되었고 그것이 그라민폰 전체 통화의 1/3을 차지하게 되었다. 2004년에는 엄청난 많은 세금을 내고도 순이익이 1억 2천만 불_약 1,300억이었다.

출처: Biz-News.com

빈곤은 구조적인 문제가 크다. 단지 돈이 없어서가 아니라 그들이 빈곤하게 될 수밖에 없는 구조가 있고, 그 구조 중 가장 근본적인 것이 정보의 부재인데 그라민폰은 그런 정보 격차 문제를 효과적으로 해결하였다. 그라민폰은 농가의 가난을 해결해주기 위한 비즈니스 모델로 시작하였지만 방글라데시에서 법인세를 가장 많이 내는 회사이자 방글라데시 1위 통신 사업자로 성장하였다.

✕ 그라민 은행(Grameen Bank)

방글라데시의 은행. 무하마드 유누스가 빈곤퇴치의 일환으로 1983년 법인으로 설립하였다. 빈민들에게 담보 없이 소액대출을 제공하여 빈곤퇴치에 이바지한 공으로 2006년 유누스 총재와 함께 노벨평화상 공동 수상자로 선정되었다.

방글라데시 치타공대학의 경제학과 교수로 재직하던 무하마드 유누스가 1973년 20여 달러 때문에 고리대금업자의 횡포에 시달리던 빈민들에게 자신의 돈을 빌려준 것이 마이크로크레디트(microcredit: 무담보 소액대출)의 시발점이다.

유누스는 1976년부터 자신이 은행에서 대출을 받아 더 많은 빈민들에게 담보 없이 소액신용대출을 하는, 이른바 '그라민 은행 프로젝트(Grameen Bank Project)'를 실험하였다. 방글라데시어인 그라민은 '시골' 또는 '마을'이라는 뜻이다.

이 프로젝트가 시행된 3년 동안 500여 가구가 절대빈곤에서 벗어날 수 있었다. 이 성공에 고무된 유누스는 1983년 그라민 은행을 법인으로 설립하여, 극빈자들에게 150달러 안팎의 소액을 담보 없이 신용으로만 빌려주는 일을 계속하였다.

마이크로크레디트 운동은 큰 성공을 거두어 그라민 은행은 2006년 현재 2,185개의 지점과 1만 8,000여 명의 직원이 종사하는 거대 은행으로 발전하였다. 대출금은 100% 예금으로 충당하고, 회수율은 99%에 육박한다. 1993년부터 흑자로 전환하였으며, 대출받은 600만 명의 빈민들 가운데 58%가 빈곤에서 벗어났다.

지속가능한
비즈니스 모델을 구축하자!

지속가능한 비즈니스 모델을 통하여 장수하는 혁신 기업들은 주기적으로 비즈니스 모델을 재편하고 있다. 회사의 위기가 닥치기 전 회사가 순항을 하고 있을 때 장수하는 기업들은 비즈니스 모델 혁신을 위해 계속해서 노력한다. 비즈니스 모델이 한 번 설치되었다고 하여 그 비즈니스 모델이 완벽한 것은 아니다.

코닥의 예를 들어보자. 1880년에 설립된 이스트먼 코닥Eastman Kodak Company은 세계 최초의 롤 필름 개발을 필두로 사진기와 인화지 등 수많은 사진 관련 제품을 쏟아냈다. 지금처럼 디지털 카메라가 일반화되기 전까지 필름 시장의 규모는 대단했다. 거대한 필름 시장을 놓고 그만큼 경쟁도 뜨거웠다. 그 가운데에서도 코닥이 선두주자의 자리를 굳건히 지켜온 데에는 디자인이 적잖은 역할을 했다.

사실 코닥의 로고와 패키지는 순전히 전략적 접근의 결과물이었다. 코닥이라는 브랜드 이름과 노란 패키지는 특별한 의미 없이 오직 주목성과 명시성에 의거하여 만들어졌다. 창업주인 이스트먼 회장은 자신이 가장 선호한 알파벳 'K'가 시각적으로나 청각적으로 소비자에게 강한 인상을 심어준다고 생각하여 브랜드 이름 앞뒤에 붙여 'Kodak'이라는 이름을 만들어냈다. 심벌 색상을 노랑으로 삼은 것도 그저 높은 명시도를 고려했을 뿐이었다.

코닥은 수천 개가 넘는 각기 다른 제품을 노란 포장 상자에 담아 아이덴티티를 통일했다. 이에 독일의 아그파는 오렌지색으로, 일본의 후지는 녹색으로 대응했으나 코닥의 노랑을 이기진 못했다. 그러나 사진 역사의 살아있는 증인인 코닥의 경쟁자는 동종업계인 독일의 아그파도 일본의 후지도 아닌 의외의 곳에 있었다. 100여 년 동안 필름과 카메라 위주로 브랜드 파워를 구축했지만 디지털이라는 새로운 시대의 변화를 제때 간파하지 못하고 방만한 경영과 매너리즘으로 몰락하고 만다.

디지털 카메라를 말하면 올림푸스나 캐논, 소니 등이 떠오른다. 하지만 디지털 카메라는 1975년, 코닥의 한 엔지니어가 만들었다. 그 당시만 해도 필름과 현상, 인화가 절대 진리로 통하던 시절이었으며 디지털 카메라는 생각지도 못하던 제품이었다.

코닥 경영진도 처음에는 디지털 카메라에 흥미를 보였다. 하지만 경영 진은 회사의 매출 거의 대부분을 차지하는 필름사업이나 잘하라는 얘기뿐 이었다. 흥미롭긴 하지만 주력 업종인 필름 카메라 사업이 더 중요하다는 게 그 이유였으며 다른 곳에 힘을 분산시키지 말라는 호통이 떨어졌다.

그렇게 혁신을 외면했던 대가는 혹독했다. 1980년대 들어 디지털 바람 이 불면서 코닥은 한순간에 벼랑 끝으로 내몰리기 시작했다. 위기위식을 느낀 코닥은 1990년대 중반, 뒤늦게 디지털 사업에 뛰어들었지만 상황은 그리 녹록지 않았으며 또 다시 변화의 강도를 과소평가하여 필름 사업에 대한 미련을 버리지 못하는 우를 범한다. 당시 변화의 흐름을 잘 읽은 캐 논이 디지털 시대의 강자로 떠올랐고 코닥은 서서히 무너져 갔다.

2005년 이후 코닥의 매출은 반토막이 났으며 7년 동안 6번의 적자를 기록했고 2008년 이후 누적 적자만 17억 6천만 달러를 넘어설 정도였다. 코닥은 2009년 필름 사업을 버리는 결단을 내리고 변화를 시도했지만 돌 이키기에는 이미 너무 늦어버렸다. 그렇게 132년 역사를 자랑하던 코닥은 결국 2012년 파산 보호 신청을 했다.

코닥은 1970년대 중반 디지털시대를 예견할 수 없었을 것이다. 하지만 코닥은 미래를 대비하는 변화와 혁신을 외면한 채 그저 눈앞에 보이는 안 정적인 필름매출의 달콤함만을 즐기고 있었다는 비판으로부터 자유롭지도 못할 것이다.

이렇듯 기업은 끊임없이 비즈니스 모델을 지속적으로 업그레이드하고 발전시켜 나아가야 한다. 스티브 잡스는 "스스로 잠식하지 못하면 잠식당 한다"고 했다.

　기업들은 3년 정도의 주기로 기존 모델을 재편하고 신규 모델을 개발하는 전사적 혁신을 모색해야 한다. 그리고 그 비즈니스 모델의 혁신은 전략기획 부서의 전문적인 업무가 아니라 모든 부서와 모든 구성원들이 전사적이고 지속적인 업무시스템으로 관리해야 한다.

　그렇다면 외식산업 시장에서의 기업들은 어떠한가? 하나의 작은 점포를 운영하는 경영주부터 대규모 외식 프랜차이즈를 경영하는 기업까지, 기업의 규모를 떠나 외식산업 시장에서 생존하여야 하는 외식기업들은 시장에서 생존하기 위하여 '지속 가능한 비즈니스 모델은 무엇이며 기업만의 비즈니스 모델이 있는지? 있다면 새로운 혁신을 모색하고 재편하고 있는지? 비즈니스 모델을 지속적으로 발전시켜 나아가고 있는지?' 지금 바로 고민하고 실천하여야 할 것이다.

참고 문헌

http://www.zdnet.com/article/the − restaurant − where − everything − is − 3d
   − printed − from − the − food − to − the − chairs/
방송통신위원회 해외통신
http://hsjeong106.blog.me/
http://awriter.blog.me/220608684648
http://www.dandad.org/awards/professional/2015/direct/24619/inglorious −
   fruits − and − vegetables/
http://itm.marcelww.com/inglorious/
http://biz.chosun.com/site/data/html_dir/2017/04/05/2017040503188.html
http://www.npr.org/sections/thesalt/2014/12/09/369613561/in − europe − ug
   ly − sells − in − the − produce − aisle
https://translate.google.co.kr/translate?hl = ko&sl = en&u =
http://sprudge.com/coffee − shots − 100550.html&prev = search
http://www.evadingen.nl/2015/11/12/foodsy − foetsie/
http://news.heraldcorp.com/view.php?ud = 20160725000433
http://www.weare10x.com/portfolio_page/ai − project/
https://www.engadget.com/2016/07/07/intelligentx − brewing − beer − with
   − ai/
https://techcrunch.com/2016/04/14/dinner − lab − suspends − operations − af
   ter − failing − to − find − a − sustainable − business − model/
https://www.forbes.com/sites/forbestreptalks/2016/05/24/how − dinner − lab
   − blew − through − 10 − million − on − a − failed − restaurant − startup/#1
   5ed00f3c64a

www.smallmangalley.org

http://www.timesofisrael.com/unlimited−coffee−anytime−courtesy−of−tel−aviv−start−up/

http://www.smesouthafrica.co.za/Israeli−coffee−startup−proves−bigger−is−not−always−better/

http://www.dailymail.co.uk/femail/article−2606289/How−cups−coffee−drink−45−New−app−grants−caffeine−addicts−unlimited−drinks−flat−monthly−fee.html

http://www.slate.com/articles/business/moneybox/2014/04/coffee_startup_cups_the_israeli_app_wants_to_take_on_starbucks.html

https://en.wikipedia.org/wiki/Cups_app

Framework−프레임워크(지형공간정보체계용어사전, 2016. 1. 3, 구미서관)

위키백과

슬로우뉴스 비즈니스

www.learnmarketing.net

strategiccoffee.chriscfox.com

Harvard Business Review

blueoceanstrategy.com

http://www.businessmodelgeneration.com

http://jmagazine.joins.com/economist 2016.09.05

http://www.bain.com/publications/articles/management−tools−customer−segmentation

http://www.businesspundit.com/tag/amazon/

Yankelovich, Daniel 및 David Meer. "시장 세분화 재발견" 하버드 비즈니스 리뷰 (Harvard Business Review) 2006년 2월, pp. 122−131.

https://blog.business−model−innovation.com/tag/novo−nordisk/

http://www.healthline.com/diabetesmine/novo−knocks−it−out−of−the−park−with−new−smart−insulin−pen

http://site.rockbottomgolf.com/scratch−the−cavemans−blog/2014/02/14/the−callaway−big−bertha−is−back−and−better−than−ever/

http://www.carlsgolfland.com/callaway−great−big−bertha−driver−2016

https://makeapowerfulpoint.wordpress.com/2013/09/11/business−model−canvas/

http://www.hankyung.com/news/app/newsview.php?aid=2011080864231 한국경제 유통라운지 조미현 기자

http://www.amusingplanet.com/2011/09/world−first−virtual−store−opens−in.html

youtube.com

http://www.barproducts.com/blog/shay−court/

[네이버 지식백과] 니치 마켓 [niche market] (패션전문자료사전, 1997. 8. 25., 한국사전연구사)

[네이버 지식백과] 세분시장 [細分市場, segment] (NEW 경제용어사전, 2006. 4. 7., 미래와경영)

http://www.happycampus.com/doc/11690508 CJ미네워터 마케팅전략분석 및 미네워터 브랜드분석과 마케팅실행방안 본문내용中

http://blog.naver.com/1st_navi/220383145648하루5분연구소X planning monster 마케팅성공사례 상식사전

http://blog.naver.com/chocoroll/130187887391

http://puntoria.pe.kr/30136206676

http://blog.naver.com/myungon28?Redirect=Log&logNo=110156007455

http://www.newstomato.com/ReadNews.aspx?no=319897

http://insight.ottomonitor.com/view_detail.html?creative_no=57918&source=ppt

http://blog.naver.com/casepot/70179540650

https://www.cleverism.com/customer−relationship−block−in−business−model−canvas/

http://www.destinationcrm.com/Articles/Columns−Departments/Insight/Starbucks−Building−an−Inspiring−Brand−91935.aspx

https://www.linkedin.com/pulse/starbucks−case−study−innovation−crm−strategies−means−stavroula

Kotler, P., & Keller, K. L. (2009). Dirección de marketing. Pearson educación.

Kotler, P., & Lee, N. (2005). Corporate social responsibility. Doing the Most Good for Your Company and Your Cause, New Jersey.

Kharif, O. (2012). Janne Haverinen: Mapping the Great Indoors. Bloomberg BusinessWeek, May, 9.

Grothaus, M., Sande, S., & Sadun, E. (2011). Customizing Your iPhone. InTaking Your iPhone to the Max, iOS 5 Edition (pp. 457－485). Apress.

Van Grove, J. (2011). Gamification: How Competition Is Reinventing Business, Marketing & Everyday Life. Электронный ресурс].-2011. Режим доступа: http://mashable. com/2011/07/28/gamification.

Birchall, J. (2011). People－centred businesses: co－operatives, mutuals and the idea of membership. Palgrave Macmillan.

Alreck, P. L., & Settle, R. B. (1999). Strategies for building consumer brand preference. Journal of product & brand management, 8(2), 130－144.

Rogers Everett, M. (1995). Diffusion of innovations. New York.

Dann, S., & Dann, S. (2011). E－marketing: theory and application. Palgrave macmillan.

Kharif, O. (2011). Apple Plans Service That Lets IPhone Users Pay With Handsets. Retrieved February, 22, 2011.

Patauner, C., Witschnig, H., Rinner, D., Maier, A., Merlin, E., & Leitgeb, E. (2007). High Speed RFID/NFC at the Frequency of 13.56 MHz. In The First International EURASIP Workshop on RFID Technology, RFID (pp. 5－9).

Portio Research, 2010

E－Marketing Mixology, 2012

Starbucks Inc, 2014

Starbucks Corporation, 2012

Starbucks, n.d. 1

https://en.wikipedia.org/wiki/Kogi_Korean_BBQ

http://ngm.nationalgeographic.com/2015/07/food－trucks/brindley－text

http://www.ecommerce－digest.com/revenue－streams.html

173

http://www.ecommerce−digest.com/key−resources.html

https://conversionxl.com/value−proposition−examples−how−to−create/

https://www.cleverism.com/key−resources−building−block−in−business−model−canvas/

https://www.cleverism.com/key−partners−in−business−model−canvas/

https://www.cleverism.com/cost−structure−block−in−business−model−canvas/

[네이버 지식백과] 범위의 경제 [範圍~經濟, economies of scope] (경제학사전, 2011. 3. 9., 경연사)

[네이버 지식백과] 할리데이비슨 [Harley−Davidson] (두산백과)

https://www.mpstarfinancial.com/business−brand−strategy/

http://marketrealist.com/2016/03/harley−davidsons−marketing−strategy/

http://brandongaille.com/harley−davidson−business−model−and−marketing−strategy/

http://www.harley−davidson.com/content/h−d/ko_KR/home.html

http://terms.naver.com/entry.nhn?docId=1943393&cid=43667&categoryId=43667

http://blog.naver.com/youseok0/220328740988

http://www.slideshare.net/FreeKino/one−source−multi−use

https://revenuesandprofits.com/how−disney−makes−money−understanding−disney−business−model/

http://www.ifm.eng.cam.ac.uk/research/dstools/value−chain−/

Porter, Michael E., "경쟁 우위" 1985, Ch. 1, pp 11−15.

Rowe, Mason, Dickel, Mann, Mockler; "전략적 관리: 방법론적 접근". 제4판, 1994. Addison−Wesley.

http://www.businessnewsdaily.com/5678−value−chain−analysis.html

http://m.blog.naver.com/sajak25/220641770880

http://srwire.co.kr/archives/9575

http://terms.naver.com/entry.nhn?docId=3329503&cid=40942&categoryId=32837 두산백과

http://terms.naver.com/entry.nhn?docId=13517&cid=43659&categoryId=4

3659 다이얼패드 (매일경제, 매경닷컴)

http://limwonki.com/723[임원기의 人터넷 人사이드]

KT경제경영연구소 디지에코의 스타트업 스토리

http://www.investopedia.com/articles/investing/070915/how−skype−make
s−money.asp

http://www.citigroup.com/citi/

http://www.bikorea.net/news/articleView.html?idxno=11102

http://news.hankyung.com/article/2015041710941?nv=o

[네이버 지식백과] Hunger Marketing − 헝거 마케팅, 희소 마케팅(지형 공간
정보체계 용어사전, 2016. 1. 3., 구미서관)

https://ko.wikipedia.org/wiki/스포티파이

http://socialcommunication.tistory.com/150 [유브레인 커뮤니케이션즈]

http://ryanplee.blog.me/140089350045

http://ibr.kr/812, (IBR, Impact Business Review)

http://mushroom9058.tistory.com/21[영지버섯의 바람직한 세상이야기]

[네이버 지식백과] 코닥, 1972 [Kodak, 1972] − 색상을 가장 성공적으로 활용
(20세기 디자인 아이콘: 패키지)

http://www.inews24.com/worldcup2014/mm/view.php?g_serial=631992

그라민은행[Grameen Bank] (두산백과)

저자 약력

박 형 국

디자인 디렉터, 외식창업전문가로 활동 중이며, 대학에서 호텔관광경영 및 식음료 강의를 하고 있다. 과거 바텐더업계에서 유명세를 탔던 주류 및 음료 전문가로 외식창업분야에 필요한 '실내건축디자인, 외식음료, 창업' 분야에 실무경험이 풍부한 전문가이다. 한국 최초 칵테일바 프랜차이즈와 플래어 바텐더 양성기관을 공동설립하였으며, 글로벌 주류기업인 페르노리카(Pernod Ricard)에 중국합작법인을 제안하여 한국의 칵테일바 문화와 프랜차이즈 브랜드를 중국에 성공적으로 수출하였다.
이후 다양한 외식음료매장을 창업하였고, 창업컨설팅 및 실내건축디자인 회사를 운영하고 있다.

강의 및 주요활동
■ 한국호텔직업전문학교 식음료과 외래교수
■ 우송정보대학교 호텔관광과 겸임교수
■ 농어촌 산업유통진흥원 디자인지원분과 위원장
■ 전통외식조리직업전문학교 '가게창업과 실내인테리어' 초청 강의
■ (재)한국청년기업가정신재단, 퇴사학교 주관
  '나만의 가게창업 및 인테리어 방법론' 초청 강의
■ (재)충남문화산업진흥원 천안 원도심 살리기 디자인 컨설팅
■ 농촌진흥청 '6차 산업 가공상품' 디자인 자문위원
■ 농촌진흥청 '6차 산업 가공상품' 비지니스모델 경진대회 심사위원

대회수상 및 해외활동
■ 한국바텐더대회 1위
■ 영국런던세계바텐더대회 챔피언
■ 미국뉴욕세계바텐더대회 심사위원
■ 일본 한·일바텐더대회 심사위원
■ 네덜란드, 핀란드 초청 유럽투어 세미나
■ 중국 페르노리카 차이나 초청 바텐더교육
■ 일본 외식프랜차이즈기업 론스타 초청 세미나 및 바텐더교육

국내·외 매스컴 보도
〈국내매스컴〉
  ■ TV/신문 및 매거진
 SBS, KBS, MBC 3사 9시 뉴스 보도, 동아일보, 세계일보, 중앙일보 외
 에스콰이어 잡지 인터뷰, BOOM잡지 인터뷰, 드링크 코리아, 월간식당, 시티
 라이프 외 다수

〈해외매스컴〉
  ■ TV, 신문
 영국 BBC, 일본 NHK, 네덜란드 신문 외

  ■ 중국TV 및 신문, 매거진
 북경전시회, 북경유선, 북경유선 생활빈도, 북경생활빈도 2채널, 상하이 City
 Beat, 보악신간망, 금일도시, 음악도시, 음악시상, 미려전진, 광동유선 도시빈
 도, 광동경제회, 행운소비비
 북경청년보, 북경신보, 북경만보, 북경시보, 북경일보, 상하이성기삼, 해방일보,
 청년보, 노동보, 상하이전시, 신민만보, 주간화보, 신문보신간, 생활주간, Shanghai
 Daily
 북경청년주간, FRIEND풍채, HOW, HELLO, QUO, 대도시, 문화광장, 희망,
 신주간, 신현대화보, Noble잡지 인터뷰 외

4차 산업혁명의 길목에서 외식창업을 디자인하라

초판발행   2018년 1월 5일

지은이   박형국
펴낸이   안종만

편 집   배근하
기획/마케팅   이영조
표지디자인   김연서
제 작   우인도·고철민

펴낸곳   (주) **박영사**
              서울특별시 종로구 새문안로3길 36, 1601
              등록 1959. 3. 11. 제300-1959-1호(倫)
전 화   02)733-6771
f a x   02)736-4818
e-mail   pys@pybook.co.kr
homepage   www.pybook.co.kr
ISBN   979-11-303-0475-5   03320